CHARLES DE LA ROMAGÈRE

L'INSTRUCTION

Sous l'Ancien Régime.

LES SCIENCES EXACTES

Au Moyen-Age.

L'ENSEIGNEMENT POPULAIRE

Avant 1789.

0 fr. 50

AU PROFIT D'UNE BONNE ŒUVRE

MONTLUÇON
IMPRIMERIE HERBIN
1898

L'INSTRUCTION

SOUS L'ANCIEN RÉGIME.

CHARLES DE LA ROMAGÈRE

L'INSTRUCTION

Sous l'Ancien Régime.

LES SCIENCES EXACTES

Au Moyen-Age.

L'ENSEIGNEMENT POPULAIRE

Avant 1789.

O fr. 50

AU PROFIT D'UNE BONNE ŒUVRE

MONTLUÇON

IMPRIMERIE HERBIN

1898

AVANT-PROPOS

Le développement d'un peuple se fait, à travers les âges, d'un pas plus ou moins lent, plus ou moins précipité, quelquefois par des ressauts brusques et inattendus, mais toujours par une marche continue et progressive ; car chaque génération qui succède à une autre génération porte avec elle et en elle son avenir, son histoire, sa marque spéciale, son cachet distinctif.

Telle la vie d'une nation, telle la vie de l'homme, tel le jour dont l'astre naît, croît, grandit et arrive au zénith de sa course, souvent avec l'éclat d'un horizon d'or et de pourpre, parfois aussi dans les *sombreurs* d'une nuée de grêle et d'orage.

Chaque heure, chaque âge, chaque siècle change, varie, se modifie, se transforme.

Aussi ne faut-il jamais juger une époque par un fait particulier ; de même on aurait tort de juger un fait particulier sans tenir compte des mœurs et des coutumes du temps où il s'est produit.

Il est bien certain que si l'on mettait un bourgeois ou un artisan du XVe siècle, par exemple, au milieu de notre luxe moderne, non seulement il se trouverait emprunté, gêné, mais il serait à nos yeux, avec ses usages et son costume, complètement ridicule ; un grand seigneur du siècle dernier même, avec ses manières pleine d'afféterie, n'aurait sans doute qu'un succès de fou rire en face du sans-gêne de notre vie terre-à-terre ; et si nous transportons au sein de nos habitudes d'aisance et de bien-être un pauvre et vieux magister de village, sa silhouette deviendra une affreuse caricature et le premier venu aura beau jeu d'en crayonner la charge.

N'est-on pas encore étonné quand on lit que sous Louis XIV, en plein dix-septième siècle, à la cour, les filles et les dames d'honneur de la reine devaient, faute de sièges, s'asseoir à terre ; c'est même ainsi que l'une d'elles, non des moins illustres, eut les doigts écrasés sous le pied de Lauzun qui passait..... et lui en voulait pour un dépit d'amour.

Les temps ont changé ! Le grand seigneur, le bourgeois, l'artisan, le magister, tout s'est transformé, comme, du reste, les coutumes, les habitudes, les usages, les manières de vivre et même les manières de voir.

Et, disons-le de suite, c'est sous le coup du grand mouvement qui s'est produit à la fin du siècle dernier que cette transformation a pris un développement plus considérable et surtout plus brusque.

Car il arrive toujours, dans la vie d'un peuple, des moments décisifs où le résultat des événements antérieurs doit avoir son explosion plus ou moins heureuse.

Ce fut donc au souffle puissant du grand mouvement populaire de 1789 que sont nés des idées et des aspirations nouvelles, des désirs et des besoins qui ont grandi avec une telle rapidité, que rien aujourd'hui ne semble pouvoir en ralentir l'élan.

C'est ce qu'on nomme le progrès !

Deux causes ont été les dominantes de cette impulsion immense : l'action des philosophes, et les pamphlets dont Voltaire avait donné le ton ; l'ambition, l'envie, le désir de liberté, le zèle du bien public et la conscience du droit en furent les mobiles. Mais les passions bientôt s'exaltèrent, les théories révolutionnaires prirent des accroissements rapides et se trouvèrent, en peu de temps, maîtresses incontestées de l'opinion. A ce moment, un colosse, un monstre, une brute farouche et aveugle surgit.... et la grande épopée tomba dans le sang de la Terreur.

Toutefois une chose est restée debout, a résisté et continue à grandir, à se développer : c'est un besoin immanent de progrès, d'amélioration, de perfectionnement ; de là un désir immodéré de tout connaître, de tout savoir, et des aspirations insatiables de luxe et de bien-être. Poussées sur cette pente, les découvertes ont succédé aux découvertes ; l'installation de grandes usines, la construction de fabriques minutieusement agencées, l'invention de machines très perfectionnées, en permettant d'abaisser le prix de chaque chose, ont changé considérablement l'économie de l'existence normale.

Le gaz, la vapeur, l'électricité, dans leurs applications, furent les grands agents de cette transformation. Dès lors, les inventions les plus prodigieuses surgissent : les chemins de fer, le télégraphe électrique, les tramways, les bicyclettes, les automobiles, la photographie, la phonographie, la pornographie même..... tout cela se succède, se précipite ; c'est un véritable tourbillon poussé par un mouvement d'une rapidité vertigineuse et dans lequel sont entraînées la vie, les affaires, l'intelligence, les forces vives de chacun.

L'État lui-même, dans cet entraînement général, a fait tout son possible pour la diffusion de l'instruction publique. On a jeté l'or à pleines mains pour couvrir le pays de superbes et innombrables palais scolaires (en ruinant un tantinet les communes) et le magister est devenu l'instituteur ; le premier était sacristain, le second est secrétaire de mairie ; l'un vaut l'autre, simple affaire de laïcisation.

. . . .

Cependant, d'un bout de la France à l'autre, un cri retentit, aux champs comme dans la bourgade, au hameau comme à la ville, dans les journaux et les livres : c'est que nous sommes dans le siècle des lumières. Voilà le grand mot des temps modernes.

Je ne conteste pas le fait ; mais il ne faudrait pas se laisser éblouir ou aveugler par cette clarté, quelqu'intense qu'elle soit, au point de croire, de laisser croire et d'affirmer que si tout est lumineux aujourd'hui, tout était obscurité autrefois. C'est une légende que certains esprits tiennent à établir dans les manuels, les feuilles publiques et même les conférences.

On sait d'où vient le mot d'ordre.

Tout détruire, supprimer le passé, biffer l'histoire, falsifier les faits, faire table rase de ce qui a été l'auréole de notre vieille France, afin de faire commencer pour ainsi dire le monde — ce monde qui pense, s'instruit et enseigne — au dix-neuvième siècle.

Ce mot d'ordre, disons-le carrément, arrive en droite ligne du fond des loges maçonniques.

C'est cette société secrète qui a conduit le branle de la tourmente de 1793 (1) ; c'est encore elle, toujours insatiable, qui voudrait faire la nuit sur nos gloires passées, proclamer, établir et répandre partout que 1789 fut l'aurore de notre premier jour, que l'ancienne Monarchie n'avait rien fait pour l'éducation nationale et que le peuple était resté jusque-là dans l'ignorance la plus crasse et l'obscurité la plus profonde.

Moyen-âge ! Ancien régime ! Tout cela serait synonyme des temps barbares, nuit sans étoiles, gouffre sans clarté, abîme sans issue, royaume des ténèbres, des ignorants et des incapables !

Avant 1789..... Rien ! — Après...,. Tout !

Quelque mauvais plaisant n'a-t-il pas dit qu'on n'avait pas encore allumé le flambeau du génie..... et le bec des reverbères. Il est vrai qu'au siècle dernier on se servait encore de lanternes et l'on pourrait ajouter qu'elles servirent même, à cette époque néfaste de la Révolution, à pendre les gens

----

(1) Il est prouvé qu'en 1781, dans une réunion Franc-Maçonnique qui eut lieu à Francfort, la mort du roi fut décidée ; et M. de Robespierre, le père du fameux conventionnel, avait été envoyé en France pour y établir *le rite écossais*, et relever le zèle des loges. Depuis, son œuvre a continué. Ne sait-on pas qu'au dire même d'un diplomate Allemand bien connu, la Franc-Maçonnerie a été la grande auxiliaire des Prussiens ; « c'était, disait-il, une guerre d'AVEUGLES à VOYANTS. »

qui n'étaient pas au goût du jour et qui ne voulaient pas, de gaîté de cœur, en accepter les idées.

Il faudrait cependant se rendre compte que, avec le grand désir de savoir, de connaître, de s'instruire, qui prit naissance dans ce fameux dix-neuvième siècle, est venu celui de fouiller, de compulser, d'explorer les vieilles archives ; et le goût des recherches historiques a fait sortir des masses de documents tirés de l'antique poussière où ils étaient enfouis.

Dans ces dernières années surtout, des mémoires sans nombre, des récits pleins d'intérêt se sont dressés afin de combattre ces erreurs qu'on cherche à infuser aux générations qui croissent ; afin de démolir ces préjugés qui faussent les esprits ; et afin de rétablir les faits et les appréciations justes de ces faits, dans leur intégrité la plus scrupuleuse.

Le but de ces pages sera donc de montrer la gloire littéraire et artistique des siècles écoulés de notre histoire, les nombreux efforts de la Monarchie et de l'Eglise pour répandre l'enseignement à tous ses degrés, et enfin l'état de l'instruction dans toutes les classes sous l'ancien régime.

On pourra voir que nos grands novateurs modernes n'ont inventé ni la gratuité scolaire ni les distributions en nature connues depuis longtemps ; toutefois, à cette époque, cela se faisait par des fondations particulières et ne coûtait rien aux contribuables.

I

Avant et pendant les premières années du Moyen-Age, les hommes étaient rudes comme les temps ; alors il fallait combattre, se défendre contre les invasions, lutter avec des voisins entreprenants, guerroyer souvent entre soi, étendre et maintenir les frontières de notre belle France qui ne faisait que naître, se développer et se former. Au milieu de ces luttes incessantes, toujours sur le qui-vive, sur la brèche et sous le harnais militaire, la nation avait peu de loisirs pour s'occuper de son instruction ; ce ne fut que plus tard, vers le huitième siècle, que le besoin d'apprendre se fit sentir et que l'enseignement prit une certaine importance.

A cette époque, l'instruction était donnée par le clergé et les congrégations religieuses. On voit alors les écoles épiscopales et monastiques auxquelles la première grande impulsion avait été transmise par Charlemagne, prendre une extension réelle. N'est-ce pas, du reste, une des gloires de l'Eglise d'avoir tenu haut et ferme le flambeau du savoir dans ces temps reculés ? C'est là, en effet, que la science et l'érudition s'étaient réfugiées ; c'est là, dans ces retraites silencieuses (abbayes ou monastères), à l'abri des guerres, des incursions et des troubles, que se raviva ce foyer qui, sans l'Eglise, aurait été éteint. (1)

Les rois, et c'est à leur louange, abandonnèrent tout d'abord aux évêques et aux religieux le soin de diriger et de répandre dans toutes les classes l'instruction à tous les degrés ; ils

---

(1) L'Eglise avait été illustrée aux siècles précédents par des docteurs dont la haute renommée, la science profonde et les grandes œuvres ont traversé les siècles : Origène, Tertullien, Saint Jean Chrysostome, Saint Jérôme, Saint Basile, Saint Ambroise, Grégoire de Nazianze, Sidoine Apollinaire, Grégoire de Tours.

avaient compris que, au milieu de ces temps encore sauvages, l'Eglise serait la gardienne des traditions de l'enseignement.

Par un capitulaire de l'an 789, qu'il est bon de signaler ici, le roi Charlemagne ordonne expressément aux évêques de « former des écoles d'enfants et d'y appeler les fils des « hommes libres et des serfs »; L'école établie sous les yeux mêmes du roi, à Aix-la-Chapelle, fut une pépinière de docteurs où les jeunes seigneurs et les enfants de basse condition pouvaient également être admis.

Voilà certes un grand maître de l'Université qui comprenait ses devoirs : le roi ordonnait d'instruire même les enfants des serfs.

Le développement extraordinaire que prirent, aux dixième et onzième siècles, les institutions monastiques dont les écoles rivalisaient avec celles des évêques, favorisa énormément ce mouvement des esprits.

C'était dans ces écoles que les parents mettaient leurs enfants dès le bas-âge; là, à mesure que ceux-ci grandissaient, ils formaient des classes différentes, car l'enseignement alors se composait de deux cours distincts correspondant assez bien à notre double division des lettres et des sciences. Le premier comprenait la grammaire, la rhétorique et la dialectique; l'échelle supérieure contenait quatre degrés : l'arithmétique, la musique, la géométrie et l'astronomie. Les professeurs y tendaient par des études puisées aux sources les plus pures de l'antiquité latine et par un certain talent à faire revivre la délicatesse du goût. Ainsi fut Raoul Tortaire, né à Gien, en 1063, qui enseignait à faire des vers latins et prêchait d'exemple.

Du reste, parler des écoles de cette époque c'est nommer les Alcuin, les Adalbard, Angilbert, Théodulfe.

Ghisèle et Gondrade, les deux filles de Charlemagne, jouèrent aussi un rôle dans les efforts littéraires de leur temps.

Il y avait déjà en France un grand nombre d'écoles, de

monastères, d'abbayes où l'on enseignait. « Le douzième
« siècle, par la suite, vit fonder 702 monastères, et le treizième
« en vit naître 287 ; car, dit un historien contemporain, le
« besoin de s'instruire était devenu général ».

Les écoles de Paris furent de bonne heure les plus
renommées ; ensuite viennent celles de Lyon, Reims (992), que
Gerbert avait rendues célèbres ; Rouen (1065) ; Besançon,
Langres et Metz, où nous trouvons un écrivain fécond dans la
personne de Sigebert de Gemblours (1030-1112) ; Tours, où
brillaient l'école de Saint-Martin et la fameuse abbaye de
Noirmoutiers ; Soissons, où professa Guibert de Nogent
(1108-1127) ; Le Mans, où le poète Hildebert enseigna les
lettres avec un certain renom (1057-1134) ; Amiens ; Chartres,
dont l'école fut illustrée au commencement du onzième
siècle par Fulbert ; à Toul, à Orléans, à Angers florissait plus
particulièrement la jurisprudence ; Poitiers brilla d'un éclat
littéraire tout spécial.

Ce fut en Normandie que se développèrent surtout les
écoles monastiques de Saint-Vandrille, Jumièges, Fécamp,
Vire (1046) ; Saint-Evroul (1050) ; le Mont Sainte-Catherine ;
Saint-Ouen où le duc Richard fit instruire son fils (1041) ;
Saint-Etienne de Caen (1063) ; le Mont Saint-Michel « au
milieu des dangers de la mer » et l'abbaye du Bec fondée en
1040, c'est là que Lanfranc ouvrit des leçons publiques où
affluèrent bientôt des étudiants venus, non seulement de
toute la France, mais de Flandre, d'Allemagne et de Rome, et
où il réunissait plus de 4.000 auditeurs.

Citons encore l'école de médecine de Montpellier, qui date
de cette même époque ; il y avait aussi dans cette dernière
ville une école de jurisprudence où l'illustre professeur
Placentin mourut en 1192, après avoir composé une *somme* de
droit fort remarquable. Un de ses élèves, Roger, professa avec
un retentissement immense à Paris et surtout à Rouen.

Partout on créait de grands centres d'études : les abbayes
de Saint-Bénigne, à Dijon ; de Saint-Victor, à Marseille ; de
la Chaise-Dieu (1046), de la Daurade, de Saint-Hilaire, Saint-

Martial de Limoges, Vezelai, Saint-Benoît du Loir, Saint-Liard, de Méun, de Corbie, de Fontenelle, de Fulde, de Saint-Denis, de Ferrières, etc., etc.

Disons, en finissant, que tous ces collèges, ces écoles de sciences différentes étaient tenus et dirigés par des hommes de la plus grande valeur, outre ceux déjà nommés : Glaber (980) ; Guillaume Bonne-âme (1100) ; Saint Yves (1071-1115) ; l'historien Richer ; Saint Anselme (1062-1092) ; Arnoul, un savant philosophe qui professa la grammaire à l'abbaye de la Trinité de Caen ; Gérard, un maître de belles-lettres et de théologie, qui enseigna longtemps à Périgueux ; Domnus, à Arles (1007) : il avait étudié neuf ans sous la direction de Fulbert, à Chartres.

Les femmes elles-mêmes n'étaient pas dépourvues de culture littéraire ; aux onzième et douzième siècles nous trouvons : Emma, abbesse de Saint-Amand de Rouen, qui écrivit des poésies latines ; Cécile, fille de Guillaume le Conquérant ; Herrade de Landsberg, qui composa (1159-1175) un recueil des éléments de littérature, d'histoire, et de morale ; Mathilde d'Anjou ; la fameuse Héloïse, qui connaissait le latin, le grec et l'hébreu, et Sainte Hildegarde, qui écrivit de nombreux ouvrages.

Cinq étudiants, sortis de Saint-Evroul, allèrent porter en Angleterre la science qu'ils avaient recueillie et fondèrent la célèbre Université de Cambridge.

Eginhard (802), l'historiographe de Charlemagne ; Anségise, abbé de Fontenelle ; Léidrade, archevêque de Lyon ; Suger (1082), abbé de Saint-Denis, le compagnon d'étude et l'ami de Louis VI, qui lui confia l'éducation de son fils ; le comte Maurice d'Anjou, Foulques Nerra, Geoffroi Martel (1060), Geoffroi le Bel (1151), brillaient par l'instruction parmi leurs contemporains. C'était un de leurs aïeux, Foulques le Bon, qui avait répondu au roi Louis d'Outre-Mer « qu'un roi illettré était un âne couronné. »

Après Charlemagne, nous voyons Charles le Chauve, en 855 et en 859, recommander de reprendre avec ardeur l'enseignement des lettres « parce que cette interruption des études « amène l'ignorance et la disette de toute science. »

Comme l'enseignement supérieur suppose l'enseignement secondaire, celui-ci suppose l'enseignement primaire. Du reste, Guibert de Nogent écrivait en l'an 1100 : « De tous « côtés on se livre à l'étude de la grammaire et le nombre « toujours croissant des écoles en rend l'accès facile aux « hommes les plus grossiers. »

En 1179, le Concile de Latran ordonne : « de peur que la « facilité manque aux pauvres pour s'instruire, qu'il soit « assigné dans chaque cathédrale un maître qui enseignera « gratuitement. Personne, dit-il, n'exigera rien, ni pour la « permission d'enseigner, ni pour l'exercice de l'enseigne- « ment. ».

Paris, comme nous l'avons déjà dit, possédait les écoles les plus renommées et les plus nombreuses. Outre celle de la cathédrale, où brillaient Robert d'Abrisselle, Yves de Chartres, Pierre Comestor, Roscellin, Michel de Corbeil, Pierre le Chantre; Guillaume de Champeaux et Abélard « qui s'y fit surtout remarquer par son élocution, sa grâce, et son esprit », il y avait les écoles de Saint-Germain-l'Auxerrois, de l'abbaye de Saint-Germain-des-Prés, de Sainte-Geneviève, de Saint-Victor, auprès desquelles d'autres centres d'enseignement se formèrent.

Que dire, dans un autre ordre d'idées, de ces chefs-d'œuvre qui ornent encore aujourd'hui notre beau pays de toute leur magnificence, du grandiose et de la splendeur de leur architecture : Ces superbes cathédrales gothiques bâties pour l'éternité tant leur solidité les rend inébranlables ? Elles montent néanmoins sveltes vers les cieux par la hardiesse de leurs flèches qui se perdent dans les nues, et, malgré leur masse, elles paraissent légères à force d'être élancées dans leurs formes et harmonieuses dans leur sublime unité.

N.-D. de Poitiers ; Saint-Trophime, à Arles ; la Sainte-Chapelle, œuvre incomparable de Pierre de Montreuil ; N.-D. de Paris, bâtie sous la direction de Jean de Chelles ; les cathédrales de Poitiers, Beauvais, Tours, Sens, Bordeaux, Chartres, Bourges, Laon, Auxerre, Reims, et Amiens qui eut pour architectes Robert de Luzarches, Thomas de Cormont et son fils Renault ; celle de Rouen, par l'abbé Ingelram, etc., sont les types les plus accomplis de l'époque.

Nous n'en finirions pas de les énumérer tous ; car la France entière, on peut le dire, se couvrit de ces monuments immenses, superbes, imposants, où l'élégance et la légèreté, la recherche des détails et la conception de l'ensemble le disputent à l'harmonie des proportions aussi bien qu'à la correction des lignes. Avec leurs peintures murales et leurs *vitrières* couvertes de gracieux coloris, qui retracent les grands événements, les faits et la pensée de plusieurs générations, ce sont des pages d'histoire, en même temps que des feuillets d'album.

Mais que de sommes considérables d'argent, de travail, de zèle, d'efforts, d'érudition il a fallu pour concevoir, pour édifier et mener à bien ces constructions gigantesques qui restent encore debout pour attester aux siècles futurs la piété, le savoir et la puissance des siècles passés ! Ces écoles si renommées, ces édifices si admirablement bâtis, toutes ces belles et grandes choses ne se sont pas faites toutes seules ; partout, à chaque pas, au tournant de chaque page de leur histoire on sent une main puissante qui, soutenant les efforts, aide, encourage et fortifie les bonnes volontés.

Aussi, ne vous semble-t-il pas que ce Moyen-Age qu'on se plaît à montrer, dans certains milieux, comme un spécimen de barbarie, une époque de ténèbres, rayonne au contraire d'une éclatante lumière dont l'intensité se répercute jusqu'à nous ?

Mais cette lumière n'éclaire pas seulement la surface, les couches supérieures de la société ; elle luit pour tous et pénètre, avec l'enseignement, jusqu'au fond des campagnes. Car en dehors de ce qui a pu en être dit déjà, et surtout de ce qu'il en sera expliqué plus loin, quand nous aborderons le chapitre des écoles sous l'ancien régime, nous voyons que Gerson, chancelier de l'Université de Paris, dans son traité de la visite des diocèses en l'an 1400, « recommande aux évêques de « s'enquérir avec soin si chaque paroisse possède une école, si « l'enseignement y est suffisant et de pourvoir à l'établisse-« ment des écoles dans toutes les paroisses qui en manquent. »

Monsieur Léopold Delisle, dans son livre : *Conditions des classes agricoles*, a pu dire que « des documents nombreux « établissent surabondamment combien les écoles rurales « étaient multipliées au treizième siècle en Normandie. »

Monsieur de Beaurepaire démontre, avec preuves à l'appui, l'existence de nombreuses écoles, non seulement dans les villes, mais dans les villages.

Et M. Siméon Luce, dans son importante *Histoire de du Guesclin*, couronnée par l'Académie des inscriptions et belles-lettres, dit : « On a cru longtemps que le Moyen-Age n'avait « connu rien qui ressemblât à ce que nous appelons l'instruc-« tion primaire ; c'est une grave erreur. Il est fait, à chaque « instant, mention d'écoles rurales dans des documents où « l'on s'attendait le moins à trouver des renseignements de « ce genre et l'on ne peut guère douter que pendant les années, « même les plus agitées du quatorzième siècle, la plupart des « villages n'aient eu des maîtres enseignant aux enfants la « lecture, l'écriture et un peu de calcul. »

II

Enfin le Moyen-Age est arrivé à l'apogée de son développement intellectuel et de sa gloire : le commerce, l'industrie, les lettres, les arts et les sciences prennent un essor inconnu jusque-là; les écoles se sont multipliées et s'étendent davantage ; le français sort de ses langes, se dégage des formes latines pour revêtir son vrai caractère et devient une langue.

Après Villehardouin, narrateur fidèle, Joinville, dans ses chroniques, donne à la prose française un relief qui nous charme encore par la vivacité du récit, du style et la naïveté des détails.

Aux chroniqueurs, il faut ajouter les trouvères : Robert Wace, Chrétien de Troyes, Quesnes de Béthune (un ancêtre de Sully), Thibault et Rutebœuf. Les romans chevaleresques et des fabliaux, tels que : *La Chanson de Roland* et *Le Roman de la Rose* avaient succédé aux chansons de Gestes; en les lisant on se rend compte que, non seulement le langage s'est formé, mais que le style et l'expression se sont adoucis.

Les trouvères firent briller une imagination riche et variée, originale et féconde : « Leurs œuvres, dit un historien, sont « des fleurs gracieuses écloses dès l'aurore de notre littérature « et dont les siècles n'ont altéré ni la fraîcheur ni l'éclat. »

Et n'est-ce pas à leur souffle poétique que les mœurs féodales durent de devenir moins âpres.

Les sciences proprement dites, au Moyen-Age, étaient brillamment représentées par de puissants génies qui illuminèrent cette période de notre histoire de leur profond savoir, de leur célébrité et de leur magistral enseignement. Nous avons nommé Duns Scott, Raymond Lulle, Roger Bacon,

Albert le Grand et Saint Thomas d'Aquin « *l'Ange de l'école* » ;
les trois premiers étaient franciscains, les deux autres de
l'ordre de Saint Dominique. On peut citer à leur suite Arnaud
de Villeneuve, Basile Valentin, Vincent de Beauvais, Raban
Maur, et combien d'autres, surtout une femme, Sainte
Hildegarde.

On est vraiment surpris de trouver à ces époques déjà loin
de nous une érudition si étendue, des connaissances si
variées et un nombre si considérable de savants dans les
sciences les plus diverses.

Du reste, l'antiquité, elle aussi, avait eu ses splendeurs
scientifiques et ses grands mathématiciens. C'est elle qui a
déchiffré l'énigme de la Nature et ces premières théories
reçurent plus tard une éclatante confirmation.

Pythagore, Hippocrate, Aristote, Eudoxe de Cnide, Euclide,
Diophante avaient écrit des traités fort complets déjà
d'Arithmétique, de Géométrie, de Physique, d'Algèbre, qui,
traduits dans toutes les langues, restent encore comme la
base des ouvrages similaires.

Après eux, Archimède trouve la quadrature de la parabole,
et laisse un traité des sphères et des cylindres. On lui doit
l'invention de la vis, de la poulie, du levier, de l'hélice, la
théorie de l'équilibre des plans, et celle des corps dans les
liquides, surtout le fameux principe qui porte son nom (1).
Après lui, au IIe siècle avant J.-C., Hipparque découvre la
précession des équinoxes ainsi que l'*Excentricité de l'orbite
terrestre* et invente la *double Trigonométrie*.

Nos savants du Moyen-Age sont leurs continuateurs et
leurs successeurs.

Au Ve siècle de notre ère, Boëce, qui avait voyagé et vécu de
longues années en Orient, en rapporte la *Numération décimale*

(1) Leibnitz a dit : « Celui qui est en état de comprendre Archimède
admirera beaucoup moins les inventions des hommes éminents dans les
temps modernes. »

dont il se servait comme nous le faisons aujourd'hui ; mais ce ne fut qu'au Xe siècle que Gerbert eut la gloire de la faire adopter (1) ; toutefois, la coutume du système duodécimal prévalut (c'est de là que nous vient encore l'usage de compter par douzaine, quarteron, grosse). Boëce donna la théorie des cadrans solaires, et celles des ondes sonores appliquées à la musique.

Bède, que nous trouvons plus tard, a laissé des œuvres importantes sur les mathématiques, et son ouvrage *De Rerum Naturà* décrit le firmament et les phénomènes de la météorologie avec une précision remarquable. Son *Histoire d'Angleterre* est dédiée au pape Grégoire.

Alcuin (725-804), qui avait suivi ses cours, eut une réputation aussi répandue que justifiée comme théologien, philosophe, historien, littérateur, poète, géomètre, mathématicien, et laissa un disciple digne de lui, Raban Maur. On a de ce dernier une Encyclopédie en vingt-sept livres qui révèle un véritable érudit et un infatigable travailleur.

Gerbert, que nous avons nommé plusieurs fois, eut pour élèves Othon I et Othon II, empereurs d'Allemagne, et Robert I, roi de France. Il possédait les éléments de *Trigonométrie et de Géométrie supérieure* ; il fabriqua des orgues hydrauliques, a donné de bonnes descriptions de l'eau régale, de l'acide nitrique, du sel alcali, du sel ammoniac, de la litharge, du crocus de fer, de la pierre infernale, du sublimé corrosif, et distilla le sulfate de fer pour en retirer l'acide sulfurique.

Né à Aurillac, il mourut sur le trône Pontifical sous le nom de Silvestre II.

Un de ses élèves, Jules Africain, nous a légué la composition du feu grégeois : « C'était un composé de soufre, de salpêtre, « d'antimoine, de térébenthine et d'asphalte liquide, avec « adjonction de poix, d'huile de pétrole et d'huile de gomme « dont la masse était projetée dans de la chaux vive. »

Roger Bacon (1214-1294) fut en astronomie le précurseur de

(1) Raoul, évêque de Laon, dans son ouvrage *De Abacco.*

Copernic et de Galilée. On trouve dans ses nombreux ouvrages la formule de la poudre à canon et d'une autre poudre dont les effets sont beaucoup plus puissants, ainsi que la description du manganèse, du phosphore, du bismuth, etc., et des notions sur les applications de la vapeur et de la chambre obscure. Il inventa la pompe à air et les verres grossissants.

Il signale au Pape Clément IV l'erreur qui provenait d'un écart de onze minutes dans le *Comput* adopté alors, découvre les causes de l'arc-en-ciel, le mécanisme de l'œil, devine les lois du téléscope et du microscope, explique le flux et le reflux de la mer et laisse une Encyclopédie qui est le monument le plus scientifique de tout le Moyen-Age. Il parlait le grec, l'hébreu, le chaldéen et l'arabe.

Sa vaste science le fit passer pour un magicien et le conduisit en prison ; il n'en est pas moins vrai que les savants du siècle dernier se servirent beaucoup de ses théories et de sa méthode.

A la même époque (1200-1280) vivait un autre moine Albert, dit le Grand, qui fut un chimiste distingué et dont les expériences ont une réelle valeur, surtout celles du soufre, de la potasse, de l'acide nitrique, du cinabre, du mercure ; ses ouvrages, publiés à Lyon en 1651, comportent 21 volumes et donnent une haute idée de l'étendue de ses connaissances. (1)

Duns Scott, d'origine anglaise (1276-1308), enseigna longtemps en France où il reçut le surnom de « Docteur Subtil » qui lui est resté.

Arnaud de Villeneuve, qui vint après, fut professeur de chimie à Paris, puis à Montpellier sa ville natale ; on lui doit, entre autres, la découverte de l'huile de térébenthine et de l'acide chlorhydrique ; il s'occupa surtout beaucoup de thérapeutique.

(1) On a coutume, quand on parle du Moyen Age, de confondre l'alchimie avec la chimie : La distinction, ce me semble, est facile à établir : l'une perdit son temps à la recherche de la pierre philosophale, tandis que l'autre était, alors comme aujourd'hui, une science qui passionnait les savants et les mena aux plus grandes découvertes. Mais les deux se rencontraient parfois et marchaient de pair.

Raymond Lulle (1235-1315) était un esprit ardent, actif et entreprenant ; il parcourut la France, l'Espagne, l'Italie, l'Afrique. Ses nombreux voyages ne l'ont pas empêché de laisser des travaux considérables où il traite de théologie, de chimie, de physique, de médecine ; il y décrit l'acétate de plomb, le minium et l'acide azotique. Il enseigna à Montpellier, à Rome, à Paris, à Gênes ; savait l'arabe et le turc, et composa son *Arbor scientiæ*, vaste encyclopédie sous une forme complètement à part.

Saint Thomas d'Aquin (1225-1274) fut le plus profond théologien après Saint Augustin. Sa *Somma theologiæ* est une œuvre d'une érudition sans égale. Mais il s'occupa aussi de sciences naturelles et son *Traité de l'essence des minéraux* donne la manière d'imiter artificiellement les pierres précieuses, entre autres l'émeraude, le rubis, et d'obtenir les vitraux coloriés.

A la fin du XIV° siècle, nous trouvons Basile Valentin qui, dans son ouvrage *Le Char triomphal de l'Antimoine*, indique le moyen d'obtenir les oxydes de ce métal; le vin stibié, l'émétique, etc... ; il fit un traité *Des Minéraux*, où il montre la méthode pour tirer de la pyrite le sulfate de cuivre et en extraire ce dernier métal. Il propagea l'usage des bains minéraux.

A la suite de ces hommes d'un génie extraordinaire et d'une puissance de travail qui étonne, nommons au courant de la plume : Campanus, qui commenta Euclide, Hugues de Saint-Victor, du nom du monastère où il se retira après avoir enseigné à Paris, Léonard de Pise, Georges Valla, Guldin, Papus, qui établit la notion de l'ellipse et de l'hyperbole, Purbach, qui construisit une table des tangentes et une des éclipses, Jean Muller, auquel le Pape Sixte IV confia la réforme du calendrier, on lui doit un *Traité de Trigonométrie*, il avait exposé le moyen de déterminer les éléments des orbites des comètes; Arthénius qui s'occupa de l'élasticité des gaz.

Isidore de Séville découvre que la couleur verte repose les yeux, c'est lui qui enseigna l'art de tailler les loupes et les lentilles de cristal.

Et bien d'autres, tels que Hugues de Foulloi, Allain de Lille, Gautier de Metz, Gilles de Corbeil, Henri de Mondeville, Bernard Gordon, Saint-Yves, Guillaume Durand, etc., dont les œuvres sont parvenues jusqu'à nous.

Enfin, une femme, Sainte Hildegarde, née à Mayence en 1098, brilla par sa naissance, sa piété et sa profonde instruction. Elle écrivit avec une grande compétence sur la musique, la théologie, la morale, la médecine, la physique, la météorologie, l'astronomie, et son *Histoire Naturelle* est très complète : le livre seul intitulé *De Plantis*, contient deux cent trente chapitres.

Le Moyen-Age eut aussi ses encyclopédistes.

L'encyclopédie est un travail qui demande la vie d'un homme et qui fatalement se trouve toujours incomplet, car avant d'être né, pour ainsi dire, il semble encore à refaire.

Parmi les encyclopédistes les plus connus : Saint Isidore de Séville qui composa différents ouvrages, entre autres une *Histoire des Goths, Vandales et Suèves*, plusieurs *Traités de Morale* et les *Etymologies* en vingt-deux livres, Bède, Raban Maur, Bacon, Raymond Lulle, nous trouvons en première ligne Vincent de Beauvais qui mourut en 1264, moine de l'ordre de Saint Dominique. Sa science presque universelle et ses talents multiples le mirent en grande faveur auprès du roi Louis IX qui lui confia l'éducation de ses fils ; mais trop modeste il ne voulut pas rester à la cour et regagna bientôt son monastère. On peut juger de l'immensité de ses travaux par l'aperçu suivant de son œuvre monumentale. Son *Encyclopédie* est divisée en quatre parties :

Première partie : Livre I (Dieu, les anges, l'âme humaine) ; Livre II (la lumière, les fluides) ; Liv. III, IV, V (le firmament, les cieux, les éléments célestes : l'eau, la vapeur, l'air, le feu) ; Liv. VI, VII, VIII (les éléments terrestres : pierres, minéraux, métaux) ; Liv. IX à XIV (végétaux, plantes, arbres) ; Liv. XV (les grands luminaires, les étoiles fixes et errantes, les comètes et les planètes, les calendriers); Liv. XVI à XXII (oiseaux, poissons, animaux domestiques, fauves et reptiles); Liv. XXIII à XXVIII (anthropologie et anatomie); Liv. XXIX à XXX (philosophie, le libre arbitre, la chute, la réparation); Liv. XXXI (la génération, la vie et la mort); Liv. XXXII (la fin du monde, les lieux habitables, et la succession des temps).

La seconde partie, en dix-sept livres, traite de l'utilité des sciences; de la grammaire (en 193 chapitres); des sciences pratiques et morales; de l'économie domestique (149 chapitres); droit public et privé, jurisprudence (en 576 chapitres); des arts, du commerce, de l'agriculture; de la médecine; de la chirurgie; de la nosologie; de la physique; de la chimie; des mathématiques et de la théologie.

La troisième partie est un travail colossal sur l'histoire universelle. Enfin la quatrième partie est un vaste traité de Morale.

Les premières horloges se montrent au sommet de nos cathédrales.

Mais à qui appartient la découverte de la boussole?

Les Chinois disent l'avoir connue plus de mille ans avant J.-C. — Rien ne le prouve. — Les Italiens la réclament pour eux..... Quoi qu'il en soit, la boussole semble d'origine française, car, dans toutes les nations où elle devint en usage, le Nord est toujours indiqué par une fleur de lis.

Notre siècle a certainement ses gloires incontestées; mais il faut reconnaître que le passé a, lui, l'incontestable mérite de ses labeurs; et le présent possède assez de richesses scientifiques pour ne pas nier la grandeur des générations écoulées. Car tous ces patients travailleurs, ces érudits d'autrefois eurent l'insigne honneur d'ouvrir des voies nouvelles dont profitent aujourd'hui nos savants modernes. Ils eurent à lutter avec les difficultés des temps et la rareté des œuvres écrites; aussi peut-on dire, à juste titre, qu'ils ont creusé le sillon et nous, nous avons récolté.

Quel éclat la France alors projetait sur l'Europe entière !

L'architecture elle-même s'est transformée d'une manière définitive ; l'ogive finit par l'emporter et règne sans partage ; l'arc décidément se brise, s'effile, s'élance comme pour porter plus haut la voûte des temples et plus près du ciel la prière des peuples. Les cathédrales de Toul, Metz, Strasbourg, Fribourg, Rodez, Saint-Ouen, Sainte-Gauburge, l'église de Tréguier, de Saint-Séverin à Paris, furent bâties vers cette dernière moitié du Moyen-Age.

III

Depuis Charlemagne on avait abandonné entièrement aux mains du clergé régulier et séculier, c'est-à-dire aux prêtres des paroisses et aux religieux, le dépôt du savoir et des belles-lettres, ainsi que le soin de répandre l'instruction autour d'eux ; mais quatre siècles se sont écoulés, les idées commencent à se modifier et des abus ont pris naissance ; aussi Philippe-Auguste s'aperçoit qu'il est nécessaire de créer un nouveau type d'enseignement qui, en se laïcisant d'une façon complète par la suite, deviendra la « grande rivale. » Il fonde en l'an 1200 l'Université de Paris, *la fille aînée des rois,* qui lui accordèrent de grands privilèges.

Ses successeurs suivirent son exemple, de telle sorte que cette seconde moitié du Moyen-Age vit se constituer successivement les Universités de Toulouse (1229), Montpellier (1289), Orléans (1305), Perpignan (1340), Angers (1364), Orange (1365), Grenoble (1369), Aix (1409), Dôle (1422), Poitiers (1431), Caen (1436), Valence (1454), Nantes (1460), Bourges (1465), Bordeaux (1472).

Une chose, mieux et plus que tout, prouve l'immense mouvement scolaire de cette époque — malgré les calamités et les revers qui mirent en ce temps-là la France à deux doigts de sa perte — et montre bien, en somme, que la Monarchie, même dans ces temps difficiles, ne restait pas indifférente à la diffusion de l'instruction et à l'extension de l'enseignement : c'est la quantité de collèges qu'elle créa alors. Dans le tableau produit par M. Lantoine, en son ouvrage : *l'Enseignement secondaire,* sur le nombre de collèges existant à Paris au commencement du dix-septième siècle et dépendant de l'Université, sept datent du XIIIe siècle, vingt-neuf du XIVe et cinq du XVe. Leur nomenclature serait trop longue ; disons seulement que le lycée Saint-Louis est l'ancien collège d'Harcourt fondé en 1180, que le collège Sainte-Barbe date de 1460, que celui de Navarre, créé par Philippe-le-Bel en 1304, est devenu l'Ecole polytechnique, etc...

Donc, dans les trois derniers siècles de ce Moyen-Age que nous avons déjà trouvé si lumineux à son aurore, nous voyons se fonder, à une époque où la royauté était maîtresse absolue et où rien ne se faisait sans elle : seize Universités et, à Paris, quarante-et-un collèges universitaires (1), en dehors des monastères, des abbayes et des écoles du clergé depuis longtemps établies.

Après Philippe-Auguste, Louis IX et Philippe-le-Bel aidèrent à l'élan littéraire de leurs contemporains.

L'abbé de Saint-Martin, dans son Panégyrique, nous raconte que Saint Louis promulgua le premier code français et rassembla les livres de l'antiquité, ainsi que les ouvrages des pères de l'Eglise et des historiens modernes. Cette bibliothèque, établie à la Sainte-Chapelle, était ouverte au public. « Le roi venait lui-même, ajoute l'historien, s'y livrer aux « charmes de la lecture ; confondu avec les savants, il con- « versait avec eux, et souvent leur expliquait les passages « difficiles. » Il avait confié au dominicain Vincent de Beauvais l'éducation de ses fils.

Les Valois aussi furent tous de grands amis des lettres, et même Charles V, que son père avait « moult souffisament introduict en lettres, » selon Christine de Pisan, était un savant ; « il entendait son latin et souffisament toute règle de « grammaire, il translatait de latin en françois tous notables « livres et très grant foison d'aultres. » (2) Il créa à Paris un Collège d'Astronomie et de Médecine.

(1) Paris, à cette époque, n'était que le vingtième de ce qu'il est ; on évalue sa population, au XIII° siècle, à 120.000 habitants contre 2.400.000 aujourd'hui.

(2) Charles V avait rassemblé une collection de 1174 ouvrages dans sa bibliothèque. Il est inutile de faire remarquer que ce nombre est énorme pour l'époque.

Louis XI, qui avait été élevé par Jean Majoris, était fort lettré ; son style épistolaire et les compositions qu'on a de lui prouvent une instruction assez sérieuse. (1)

Louis XII cultivait la littérature ancienne et regrettait que les Français n'eussent pas un historien semblable à Tite-Live : « Les Français, disait-il, ont beaucoup plus fait que les « Grecs et autant que les Romains ; mais ils n'ont pas eu l'art « de transmettre leurs faits et gestes à la postérité. » (2)

Et cependant des chroniqueurs tels que Froissart, Chastellain, Thomas Basin, Comynes, Jean d'Auton, de Monstrelet ont laissé des ouvrages impérissables.

L'industrie, elle aussi, se perfectionne. L'invention du papier, la fabrication des moulins à vent, l'art de tisser la soie et de la teindre, celui de souffler le verre datent de cette époque.

C'est également vers le milieu du quinzième siècle que l'on vit poindre en Europe une invention qui fut comme un dernier et inappréciable présent fait au monde moderne par le Moyen-Age qui expirait : l'Imprimerie. « Avant elle, « la civilisation, dit M. de Marchangy, n'était qu'un flambeau « que le moindre souffle pouvait éteindre, et l'art typogra-« phique devait changer les destinées du genre humain en rendant impossible le retour à la barbarie. »

Cette découverte correspondait bien avec le goût de la lecture qui s'était répandu dans toutes les classes : elle était venue à son heure, comme un splendide coucher de soleil qui est le présage d'une aurore plus belle pour le lendemain. Elle était venue alors que notre langue épurée se généralise et pénètre, par ordonnance de Louis XII et ensuite de François Ier, dans les actes publics, d'où elle chasse le latin. C'est cette langue qui, grâce aux beaux génies du dix-septième siècle, s'imposera à la diplomatie continentale et à l'élite de la société européenne.

(1) La Société des bibliophiles français vient de faire éditer un recueil des lettres de Louis XI en plusieurs volumes Elles offrent un grand intérêt non seulement au point de vue de l'histoire, mais même au point de vue littéraire.

(2) Mémoires du Maréchal de Fleuranges.

IV

Le Moyen-Age venait de céder la place à la Renaissance.

Dès le début, le nom d'un homme, d'un monarque, se trouve intimement uni à cette phase nouvelle de notre histoire littéraire et artistique : François Ier.

Ce fut en effet le vrai restaurateur des lettres et des arts, car cet aimable roi, qui lui-même rimait avec grâce, joignait le bon sens à l'érudition.

Frappé des merveilles qu'il rencontre en Italie, où les arts atteignaient au plus haut degré d'une gloire qui devait immortaliser le siècle du pape Léon X, le roi se promet de rapporter en France l'inspiration de l'École nouvelle comme sa plus belle conquête. Aussi, dès son retour, il cherche à attirer les meilleurs artistes italiens qu'il comble de bienfaits et ne dédaigne pas de leur écrire lui-même pour les engager à venir. Il les encourageait et souvent assistait à leurs travaux.

Léonard de Vinci, le Rosso, le Primatice, André del Sarto, Benvenuto Cellini et d'autres se rendirent à son appel et trouvèrent près du roi une libérale et puissante protection. Sous leur direction se forme une école d'artistes qui, tout en rivalisant avec leurs modèles et en suivant leurs leçons, créèrent un art essentiellement français.

Pierre Lescot, Philibert Delorme, Jean Cousin, Jean Goujon, Paul Ponce, Germain Pilon produisirent les œuvres admirables qui nous restent de cette Renaissance.

François Ier aimait toutes les choses de l'esprit, le savant, le poète, l'artiste, et aucun ne se trouvait déplacé dans la cour brillante dont il s'entourait. Sa sœur Marguerite, qui devint dans la suite reine de Navarre, aidait et protégeait les gens de lettres. Elle a laissé différents ouvrages en prose et en vers qui ne sont pas dépourvus d'un certain talent. Briçonnet lui écrivait : « Madame, s'il y avait au bout du monde un docteur qui, par un seul verbe abrégé, pût apprendre toute la grammaire, vous y voleriez. »

L'on vit alors un prodigieux entraînement, qui, en transformant arts, lettres, sciences, état social même, développa l'esprit de curiosité et d'examen, en emportant les intelligences loin des horizons connus et au-delà des sentiers battus jusqu'à ce jour, au point de toucher même aux institutions religieuses. Car cette disposition des esprits facilita beaucoup la tâche de Luther, puis de Calvin, dans leurs attaques contre les dogmes et les lois de la religion catholique. Toutefois, appuyée sur l'autorité des Conciles et fidèle à ses traditions, l'Eglise maintint l'unité de ses doctrines et bientôt une révolution religieuse lui enlevait une grande partie de l'Europe.

Le roi pensa que la Réforme, qui était une révolte contre l'autorité du Pape, pouvait conduire en politique à une révolte contre l'autorité du Roi ; aussi chercha-t-il à empêcher que la doctrine des protestants germât dans ses Etats ; il déclara même « que, s'il avait un membre infecté de cette doctrine, il « l'arracherait de peur que le reste n'en fût corrompu. »

Pour en revenir au point de vue qui nous occupe, les guerres civiles que la Réforme alluma, loin de faciliter l'instruction publique, ralentirent plutôt le mouvement littéraire, ainsi que le constate Henri IV, en accordant au collège de la Rochelle 2000 livres de subvention par lettres patentes de l'an 1590. Le roi se plaint « que l'ignorance prenait cours dans son « royaume par la longueur des guerres civiles. » (*Séance de l'Académie de la Rochelle*, N° 14, p. 122).

Ce qu'il faut dire, c'est que les esprits, retenus encore dans les mille liens des idées anciennes, firent leurs efforts pour les briser ; de là, un réveil incontestable, bien qu'inhérent à la marche progressive des choses : arts, sciences, philosophie ; tout prend un essor nouveau pour monter de plus en plus vers la lumière.

L'art lui-même abandonna peu à peu le style gothique ; toutefois, avant de disparaitre, il produisit l'édifice le plus gracieux, le plus complet qui nous soit resté de lui, l'église de Brou, près de la ville de Bourg.

Mais l'architecture, dans ces temps de troubles qui ne virent bâtir que peu de basiliques, avait tourné son génie vers la construction de superbes châteaux, tels que : Chambord, Azay-le-Rideau, Amboise, Chenonceaux, Fontainebleau ; puis le Louvre, les Tuileries. Ce sont comme les prototypes de cette restauration nouvelle qu'on nomme « La Renaissance. »

L'instruction, elle aussi, avait suivi le mouvement : c'est alors que François Ier créa le « Collège de France » où l'hébreu, le grec, le latin, les mathématiques, la philosophie furent enseignés gratuitement ; et, comme appendice nécessaire, un établissement modèle où l'on fit fondre et graver les caractères d'imprimerie qui, par l'ordre du roi, étaient confiés aux imprimeurs les plus célèbres. Et cette grande impulsion, donnée par François Ier, se continue par la suite, car dans son *Histoire de l'instruction publique en Europe*, Vallet de Viriville nous apprend qu'à la fin du XVIe siècle, il y avait en France dix-huit Universités (deux de plus qu'au siècle précédent) et, à Paris, soixante-douze collèges (au lieu de quarante-et-un, comme nous l'avons vu).

Dès l'année 1546, d'après Mario Cavalli, on comptait dans la capitale vingt mille étudiants ; Lippoman en porte même le nombre entre vingt-cinq et trente mille, mais ce nombre est certainement exagéré.

Les belles-lettres ne restèrent pas étrangères à ce mouvement et furent à cette époque admirablement représentées. Après Clément Marot, qui avait déjà brillé à la Cour d'Anne de Bretagne, et de Louis XII, Ronsard parut. La fraîcheur et l'éclat de ses vers fascinèrent la France et même l'étranger, car la reine Elisabeth lui fit don d'un superbe diamant ; Marie Stuart, du fond de sa prison, lui envoya un Parnasse d'argent, et Charles IX lui dédia un poème (1).

Puis nous trouvons Rémi Belleau, Baïf, Victor Brodeau, Joachim Du Bellay, Montaigne et enfin Philibert Desportes et Jean Bertaut qui furent en grande faveur à la cour de Henri III et de Henri IV. Tous furent plus ou moins poètes.

Mais l'idée de poésie ne s'était pas encore dégagée nettement dans la pure atmosphère qui lui convient ; ce ne sera qu'au XVIIIe siècle que l'on sentira la distance qui sépare le talent de cette faculté banale de rimer.

Dans ce temps-là, l'antiquité tournait toutes les têtes, et M. A. Sayous écrit : « Les gentilshommes ne cédaient le pas « à personne dans les exercices intellectuels, les femmes « même apprenaient les langues savantes : Marie Stuart « faisait des compositions latines et françaises (2), elle pro- « nonça une thèse en latin devant Henri II..... Le grec aussi « était très en honneur. »

Un de ceux qui mit cette langue le plus à la mode fut Guillaume Budé. Il écrivait en 1518 à Erasme : « Le Roi a « dessein d'immortaliser son nom par un établissement utile

---

(1) Ce poème commençait ainsi :

L'art de faire les vers, deust-on s'en indigner,
Doit être à plus haut prix que celui de régner.
Tous deux également nous portons des couronnes ;
Mais roy, je les reçus ; poëte, tu les donnes.

(2) Chacun a présentes à la mémoire ces jolies strophes de la malheu- reuse reine voguant vers les lieux où un jour elle devait monter sur l'échafaud.

Adieu, plaisant pays de France
O ma patrie
La plus chérie
Qui a nourri ma jeune enfance.
Adieu France ! adieux, mes beaux jours.

. . . .

. . . .

« aux lettres... Toute la cour vous souhaite et le roi vous
« écrira lui-même à ce sujet. » Plus tard, dans une épitre à
Longueil, il parle de la part qu'il a prise à la fondation du
Collège de France « dont, dit-il, tout le mérite en revient au
« Roi. »

En effet, François Ier fit faire les plans lui-même et nomma
les douze professeurs, entre autres Jacques Toussaint,
François Vatablé, Adrien Turnèbe, Pierre Danes, Oronce
Finé, Lambin, Postel et plus tard Pierre Ramus.

Ses successeurs continuèrent son œuvre : Henri II institua
une chaire de philosophie, Charles IX une de chirurgie,
Henri III une de langue arabe, Henri IV une de botanique et
d'astronomie, Louis XIII un cours de syriaque et de droit
canon.

Guillaume Postel avait été domestique au collège Sainte-
Barbe. François Ier le choisit pour l'envoyer, avec Juste Tenelle
et Pierre Gille, en Orient chercher des manuscrits précieux.
Ce fut à son retour que le roi le nomma au Collège de France.

Ramus, si pauvre, dit l'historien, qu'il avait été obligé de
servir des écoliers pour pouvoir faire ses études, fut un
esprit tout à fait supérieur, et François Ier, qui décidément
s'y connaissait et prenait le talent là où il était, le protégeait
beaucoup. — Henri II l'appela à une chaire de philosophie.

Jacques Amyot, un des plus illustres professeurs de
l'Université de Paris, était né à Melun en 1513, aussi pauvre
que Ramus et Postel et comme eux forcé de servir de
domestique à d'autres écoliers pour étudier à Paris, devint
par la suite un des hommes remarquables de ces temps-là.
Il était professeur à l'Université de Bourges quand Henri
II lui confia l'éducation de ses deux fils, qui devinrent Charles
IX et Henri III. Il mourut à l'âge de quatre-vingts ans sur
le siège épiscopal d'Auxerre.

Il nous est difficile de ne pas parler d'un écrivain de cette
époque, Rabelais, né, comme les trois précédents, dans une

condition très modeste (son père étant simple aubergiste à Chinon), qui, avec beaucoup d'esprit, de verve, et une grande originalité de style quoique bien souvent peu élevée, s'est acquis une célébrité universelle. Calvin l'appelait, ainsi que son compagnon Bonaventure Despériers, « des chiens dégorgeant le blasphème. » Calvin était sévère dans son jugement.

La Bruyère, plus juste, a dit de lui : « Où il est mauvais, « il va au-delà du pire ; où il est bon, il va jusqu'à l'excellent.» C'était, dans tous les cas, un érudit des plus distingués qui parlait toutes les langues savantes.

Le moment est venu de citer une famille illustre, qui représente à cette époque la science profonde alliée au bon goût, celle des Estienne, typographes de père en fils et dont le chef Henri fonda, au sein de l'Université, son établissement de typographie. François Ier se plaisait à lui marquer la distinction particulière qu'il accordait à ses travaux. Nommons encore Bernard de Palissy, dont les œuvres ont atteint à la plus haute renommée ; Olivier de Serres, qui fit un ouvrage sur l'agriculture qu'on lit encore de nos jours, et Ambroise Paré, le grand chirurgien, que Charles IX cacha dans sa chambre le jour de la Saint-Barthélemy.

V

Le cadre trop restreint que nous nous sommes tracé ne nous permet pas d'aborder dans leurs détails les temps qui nous séparent de la Révolution ; du reste, ils sont assez près de nous pour que leurs écrivains, leurs monuments, leurs ouvrages, leurs hommes illustres parlent d'eux-mêmes. Il nous faut marcher par grandes enjambées, mais sans perdre de vue l'idée dominante de ces pages : la splendeur et l'éclat jetés sur la France par ses savants, ses artistes, ses littérateurs, ses institutions diverses, la marche assurée et continue du progrès, ainsi que l'association intime de la Monarchie avec ces belles œuvres qui barrent l'horizon de notre histoire nationale d'un lumineux rayon de célébrité.

Après la Renaissance, nous entrons de plain-pied dans ce siècle qui tient son nom des grands littérateurs qu'il a produits, et tout d'abord nous rencontrons, comme soutiens du trône, trois ministres, trois hommes hors pair qui ont fait de trop importantes fondations, au point de vue que nous nous sommes fixé, pour que nous puissions les passer sous silence.

Le premier, Richelieu — ni plus ni moins — voulait tout d'abord supprimer les collèges, « afin, disait-il, d'arrêter la « manie qu'ont les pauvres gens de faire instruire leurs « enfants, ce qui les détourne du trafic et de la guerre. » Idée bizarre chez un homme qui s'était donné une mission toute démocratique ; mais d'autres l'ont eue également après lui : Voltaire, Rousseau l'ont émise à leur heure, comme on le verra plus loin.

Du reste, Richelieu n'en fit rien ; mais, esprit singulièrement pratique, il trouvait que l'instruction trop étendue ne donnait ni des travailleurs ni des soldats à la patrie.

Toutefois, comme il aimait les arts et les lettres, il fit beaucoup pour les encourager. Il institua l'Académie française « l'arbitre du goût littéraire », reconstruisit la Sorbonne, bâtit le Collège du Plessis, le Palais Cardinal et fonda l'Imprimerie Nationale et le Jardin des Plantes ; il pensionna les savants et les poètes, et enfin vit, avant sa mort, naître le siècle de Louis XIV.

Mazarin, qui lui succède auprès du roi encore jeune, créa, de son initiative privée, la magnifique bibliothèque dite Mazarine « pour la commodité, disait-il, et la satisfaction des gens de lettres » ; il fonda, de ses deniers, le Collège des Quatre Nations, auquel il affecta par testament huit cent mille francs, puis l'Académie de peinture.

L'abbé de Choisy rapporte que Mazarin mourant disait à Louis XIV : « Je vous dois tout, Sire, mais je crois m'acquitter envers vous en vous donnant Colbert. » L'influence bienfaisante du nouveau ministre se prolongea jusqu'à l'époque de sa mort et fut une des sources les plus fécondes de la prospérité du règne. C'était un grand admirateur du Cardinal de Richelieu et, comme lui, un grand protecteur des lettres et des arts.

Sous son administration furent créés : l'Académie des inscriptions et belles-lettres, celle des sciences ; l'Académie de musique et celle d'architecture ; la fameuse École des beaux-arts instituée à Rome telle qu'elle est encore aujourd'hui ; le Cabinet des médailles ; l'École des langues orientales. Il enrichit la Bibliothèque Royale de plus de dix mille volumes ou manuscrits remarquables et encouragea surtout la création des Académies de province.

Toutes ces institutions, établies sous la direction de ces trois grands ministres, subsistent encore telles qu'autrefois et font notre orgueil autant certes que la gloire de ceux qui les ont fait naître.

Du reste, Louis XIV se connaissait en valeur personnelle, et, comme tous les grands génies, sut s'entourer d'hommes de premier mérite : « J'étais résolu, dit-il, à ne laisser à aucun « autre la fonction de roi..... et voulus partager l'exécution de « mes ordres entre plusieurs personnes...... Je voulus choisir « des hommes de diverses professions et de divers talents, « suivant la diversité des matières...., et je distribuai entre « eux mon temps et ma confiance. » On trouve ces lignes dans les Mémoires laissés par le Roi lui-même, pour l'instruction de son fils. « Ces deux Mémoires écrits de la main « de Louis XIV prouvent, dit Voltaire, la droiture et la « magnanimité de son âme. »

Ce que le génie demande à la puissance, c'est de ne pas lui être contraire. Louis XIV, mieux que personne, avait compris que, non seulement il ne fallait pas lui être opposé, mais qu'il devait le soutenir, l'encourager, l'exciter par des dons et, mieux encore, par des égards. Aussi, comblait-il de faveurs Racine, aimait à s'entretenir avec Mansard, faisait asseoir à sa table Molière, lui versait à boire aux yeux des courtisans ébahis et fut le parrain de son premier enfant. Un jour, ayant eu la fantaisie de rimer quelques vers et de les soumettre à Boileau : « Sire, dit ce dernier, rien n'est impos- « sible à Votre Majesté ; Elle a voulu faire de mauvais vers, « Elle y a parfaitement réussi. » — « Il a raison, reprit « simplement le Roi, il s'y connaît mieux que moi. »

Pour stimuler le zèle des Académiciens, il leur accorde des jetons de présence, et depuis cette date, dit une méchante langue, on travailla deux fois plus.

Il prodigue les pensions à tous ceux qui, autour de lui, montraient du talent ; il est vrai de dire qu'elles n'étaient pas toujours en rapport avec le mérite, car ce fut Chapelain qui avait été chargé d'en dresser la liste et il eut la modestie de s'y placer au premier rang. Racine, Corneille, Molière, Fléchier, l'abbé de Pure, Dauvrier, Desmarest, etc.... partici- pèrent spécialement à ces dons.

Les savants étrangers mêmes profitèrent de ses libéralités :

« Viviani, rapporte Voltaire, un célèbre mathématicien de
« Florence, fit bâtir, avec les présents du roi Louis XIV, dans
« sa ville natale, une maison au frontispice de laquelle il mit
« en lettres d'or *Œdes à Deo datœ*, allusion au *Dieu donné* dont
« la voix publique avait gratifié le prince à sa naissance. »

Son activité s'étendait au-delà, car M. Lantoine nous raconte
qu'en 1675, le Roi nomma lui-même une Commission pour
examiner toutes les thèses et tous les cahiers de philosophie.
Plus loin, nous le voyons prendre part dans une discussion
qui s'était élevée au sein même de l'Université, au sujet d'un
règlement d'études, et il demande qu'on lui soumette le rapport
qui fut fait à ce sujet.

Son règne est certainement celui où l'on rencontre le plus de
vitalité intellectuelle ; aussi Ed. Charton, qu'on ne taxera pas
de partialité en la matière, a-t-il pu dire : « La solidité des
« études, nécessairement cléricales, dans une société à la
« fondation de laquelle l'Eglise avait pris une grande part,
« produisit au dix-septième siècle d'excellents écrivains, dont
« les œuvres ont gardé leur supériorité jusqu'à nos jours ; ces
« écrivains, dit Voltaire, qui seront les délices et l'instruction
« des siècles à venir. »

L'initiative royale, accompagnée de l'intelligence du beau et
du goût le plus fin, a marqué ce siècle d'un cachet d'unité, de
noblesse et de grandeur, et le soleil que le Grand Roi avait
pris pour emblème dut surtout son rayonnement à la multi-
plicité, à la célébrité et au génie des hommes illustres qui
gravitaient autour de lui.

Mais cette activité n'était pas restreinte autour du roi, car
nous voyons les plus grands seigneurs aussi bien que les
simples bourgeois, les gens distingués par les manières et le
savoir se donner rendez-vous, en ce temps-là, dans les salons
qui alors avaient une vogue énorme. Taine en fait une
description assez détaillée que nous résumerons en disant
qu'on s'y réunissait pour converser, chanter les airs nouveaux,

y entendre la tragédie inédite, déclamer des madrigaux, réciter des élégies ou des sonnets, et souvent se prononcer sur des questions de grammaire, de style, de politesse qui ensuite faisaient loi au dehors. Le plus remarquable était celui de l'hôtel de Rambouillet : on y rencontrait, confondus avec l'élite d'une société où l'esprit et le beau langage régnaient en maîtres, les grands écrivains de l'époque ; Corneille y venait souvent donner la primeur de ses belles poésies, et Bossuet, tout jeune encore, y était amené par Arnault d'Andilly.

Il serait trop long d'énumérer la multitude de grands littérateurs, sculpteurs, graveurs, architectes célèbres, artistes en tous genres, dont les travaux donnèrent, à cette période de notre histoire, un renom à nul autre pareil qui lui a valu d'être appelé le Grand Siècle. « La terre qui fit naître, nous dit « Voltaire, dans ces temps illustres tant de génies, avait dû « être depuis longtemps préparée, car chez les peuples qui « cultivent les beaux-arts, il faut beaucoup d'années pour « épurer le langage et le goût. »

Après Louis XIV, il ne resta plus que de faibles héritiers de cette pléiade d'hommes qui avaient attaché leur célébrité à cette grande époque ; l'étude s'était portée surtout vers les sciences physiques et naturelles.

La méthode d'observation et d'expérimentation, dont Bacon avait tracé les règles en plein Moyen-Age, fut appliquée avec soin et produisit alors d'admirables résultats : l'histoire naturelle, la chimie, la physique, la mécanique firent d'immenses progrès.

Descartes, Toricelli, Pascal, Galilée, Cassini, Tournefort, Chardin, Bernier, Denis Papin, Huygens avaient laissé après eux de brillants successeurs qu'on nomme : Franklin, Lavoisier, Laplace, Lagrange, Linnée, Buffon, Jussieu, Volta, Galvani, Condorcet, Cuvier, Réaumur.

Nous voyons alors se fonder la chaire de Minéralogie, celle d'Hydrodynamique ; les sociétés royales de Médecine et d'Agriculture ; l'école Vétérinaire et celle des Mines.

Mais une évolution radicale s'était produite dans le caractère littéraire, évolution d'abord lente, sourde, qui devint un torrent destiné à tout entraîner devant lui ; car la littérature n'était plus, comme aux siècles précédents, la créatrice de belles choses qui n'avaient pour but que l'honneur de bien dire : elle était devenue un moyen dont se servaient les philosophes pour enseigner leurs contemporains ; les écrivains n'étaient plus que des législateurs au service de la philosophie.

VI

Nous avons ouvert devant vous les portes du passé : Moyen-Age, Renaissance, Ancien Régime, en laissant de côté toute question incidente ou étrangère à notre but.

Il nous a été donné de constater les richesses et la profondeur d'érudition, la gloire littéraire et scientifique des siècles qui ont fui déjà loin derrière nous.

Partout nous avons rencontré l'amour du beau qui a créé le goût français, partout le progrès avec sa marche incessamment tournée vers la perfection.

Nous avons vu l'Eglise cherchant à conserver dans ses monastères, ses cathédrales et ses prieurés le savoir et l'enseignement ; d'autre part, la Monarchie sans cesse occupée à créer des écoles, des collèges, des universités ; à fonder des masses d'institutions qui sont encore debout ; à élever, par tous les moyens possibles, le niveau de l'instruction publique ; à protéger les artistes, pensionner et encourager les écrivains ; enfin à rehausser la condition des gens de talent là où elle le rencontrait.

Car, si l'on jette les yeux sur cette multitude de noms qui sont dans l'histoire comme autant de clartés dont le faisceau forme cet immense foyer de sciences diverses et de conceptions différentes, nous voyons que beaucoup sortaient du peuple. Et cependant ils n'avaient pas reçu une éducation spéciale : on ne les avait pas choisis d'avance en disant à l'un plutôt qu'à l'autre : « Toi, tu feras un grand homme ! » Non. Tous sortaient de l'école commune avec tant d'autres, peut-être aussi instruits, mais moins connus.

En effet, à côté de ces gens de talent, de ces artistes distingués dont l'histoire nous a conservé les noms, combien sont restés ignorés ! Et pourtant quelle quantité il devait y en avoir à en juger par ce que l'on rencontre partout de choses dignes d'être remarquées !

Dans les villes, les villages, les campagnes même, que d'innombrables bijoux d'élégance et de grâce en tout genre ! Au fond de la lande désolée, ne trouve-t-on pas ces constructions aux tourelles élancées, ces églises naïves et pieuses ? Ces monuments, qui sont de véritables chefs-d'œuvre, qui les a bâtis ?

Au coin d'une ruelle, au tournant d'une vieille place, souvent on découvre une croisée, une porte avec sa corniche ajourée, un chapiteau, un bas-relief d'un travail délicat, d'un fini qui sent son artiste de premier mérite... Quel est son nom ? d'où venait-il ? — Personne ne le sait : point de signature, aucune indication..... Rien !..... Un enfant du peuple instruit des choses de son métier et qui n'a pas laissé son nom à l'histoire.

Et ces meubles, ces bahuts, ces armoires en vieux chêne, ces cheminées sculptées en simple pierre du pays ; ces vases sacrés d'or et d'argent ; ces aiguières finement ciselées, ces étoffes brochées, merveilleuses de tissu, admirables de travail ; ces vieilles ferronneries, ces armures si délicatement forgées, ces missels si artistement enluminés, tout cela d'un style bien pur, qui les a fabriqués ? Quel était l'ébéniste, le forgeron, l'orfèvre ? (1) Un simple artisan, sorti du peuple..... Un inconnu. Et cependant ces ouvrages sont des objets d'art qui font encore l'admiration commune.

Il n'y a qu'à parcourir nos musées pour s'en convaincre.

Aussi de nombreux fabricants et brocanteurs ont, pour ainsi dire, écumé le fond de nos antiques provinces et de nos campagnes les plus reculées et, à prix d'or, ont acheté ces

(1) « Le luxe du mobilier, des tapisseries et surtout de l'orfèvrerie, dit « M. d'Arcq, un érudit, a été porté pendant tout le Moyen-Age à un point « excessif et l'art semble avoir atteint au plus haut degré. » M. de Laborde ajoute : « On a peine à s'expliquer l'accumulation de tant de richesses ; il « faut, pour cela, lire les inventaires royaux et princiers pour s'en faire une « idée. »

vieilleries, ces *bibelots* de toute beauté que nos artistes
modernes cherchent à reproduire,

Notre siècle n'est qu'une époque de falsification et d'imita-
tion, comparé à ceux qui ont produit ces belles œuvres du
temps passé. Au fer forgé a succédé le bronze coulé ; au
travail fait à la main, et si finement, a succédé le travail fait à
la machine et à l'emporte-pièce.

D'où vient le dessin, l'idée, le modèle ? D'autrefois.

Si nous cherchons la grande cause de ce fourmillement
d'ouvriers si adroits, si pleins d'originalité dans la conception, si habiles à reproduire les fantaisies de leur imagination,
nous la trouvons dans les enseignements corporatifs. C'était
l'école où se formaient à la longue, petit à petit, ces artisans
qui devenaient souvent par la suite de grands artistes. Mais
cela exigeait un sévère apprentissage ; de là, le besoin de se
constituer en société ; de là, la corporation.

Chacune d'elles avait son patron, ses fêtes, son trésor, ses
règlements, ses chefs et ses syndics qui veillaient sur les
membres de l'association, prévenaient les fraudes, instrui-
saient l'apprenti, assuraient le travail, et donnaient aux
vieillards, aux veuves et aux orphelins les secours qui leur
étaient nécessaires.

N'est-ce pas une curieuse chose que de voir aujourd'hui un
véritable retour à ces idées anciennes, qui reparaissent
comme poussées par une irrésistible évolution, et aux
conceptions sociales du XIIIe siècle, ramenées sous d'autres
formes par les héritiers du XVIIIe siècle ?

Cette grande et attachante question nous entraînerait trop
loin ; bornons-nous à dire que c'est là que se sont formés ces
artistes aussi nombreux qu'inconnus, qui ont laissé tant de
merveilles non signées.

Ces corporations, qui vécurent jusqu'à la Révolution,
avaient leur corps de police, leur pouvoir judiciaire ; elles

assuraient la sécurité du travail et donnaient à leurs chefs une autorité incontestée.

C'est de là qu'est née la bourgeoisie, qui devint par le travail et l'intelligence, selon l'expression de M. A. Duruy, « maîtresse de l'or.... Et cette bourgeoisie avait trouvé dans « l'enseignement secondaire une instruction aussi développée « que possible, aussi prospère, peut-être plus, que de nos « jours et qui était répartie sur toute la surface du pays « avec le grand avantage de coûter très peu au trésor. » (1)

Aussi nous voyons le roi et ses ministres, jusqu'à la fin, occupés de cette question, comme l'indique ce passage d'un rapport de Coffin au Régent : « Vous avez compris, « Monseigneur, que l'éducation de la jeunesse est le premier « et le plus solide fondement de la gloire et de la félicité des « Etats... »

Le Parlement et l'Eglise exceptés, il n'y avait pas, avant 1789, de corps plus considéré ni qui poussât plus loin le sentiment de son honneur que celui de l'enseignement.

Les Jansénistes et les philosophes du dix-huitième siècle déclamèrent le plus qu'ils purent contre la décadence des études à la fin de l'ancien régime ; mais, comme le dit M. Duruy, « que pèsent ces diatribes devant les faits ? »

Car tous ces grands écrivains, cette noblesse de plume et cette bourgeoisie, dont la moyenne des esprits était presque une élite, et tous ces hommes remarquables, distingués, de la grande Révolution, où avaient-ils trouvé l'instruction si solide qu'ils possédaient ? Et ce brillant Tiers-Etat, d'où surgirent tant d'orateurs, admirables même dans leurs divagations, tant de génies éminents, n'avait-il pas puisé son savoir aux sources mêmes de l'ancienne monarchie ?

(1) L'Etat n'avait à fournir alors que 4 millions ; le reste de la dépense était à la charge des congrégations religieuses, des fondations séculières, des fabriques et des collèges libres.

On dit que c'est à ses fruits que l'on reconnait l'arbre. Eh bien ! à en juger par ceux qu'il a produits, l'arbre de la science de cette époque, qu'on voudrait représenter comme un temps d'ignorance, a montré qu'il était un fameux gaillard au tronc puissant, aux racines fortement charpentées et pleines de sève malgré sa vieillesse, puisque ses branches ont donné des fruits bien après que la hache révolutionnaire eût été enfoncée dans sa base.

VII

Mais si la bourgeoisie était instruite, rien ne prouve que le peuple le fût ?.... Chacun répète, en effet, sans avoir voulu pénétrer au fond des choses, qu'avant 1789 il n'y avait pas d'instruction dans les campagnes et que personne ne s'était préoccupé d'en faciliter l'extension.

Je voudrais bien contribuer à éclaircir ce point de l'histoire, car où commence la vérité s'évanouit le doute ou l'ignorance. Veuillez donc me prêter encore un peu votre bienveillante attention et lire les documents qui vont faire l'objet de cette dernière partie. Alors chacun pourra aisément se rendre compte, par des chiffres et des preuves puisés aux sources les plus sûres, de l'immense mouvement intellectuel qui a existé, même au fond des campagnes, de la presque totalité de nos provinces, sous l'ancien régime ; cet ancien régime qu'on veut faire passer pour un temps où le peuple croupissait dans l'ignorance la plus absolue.

Trois questions se posent donc, bien nettes, en face de nous :

Avant 1789, qu'a-t-on fait pour l'éducation populaire ?

Où en était, à cette époque, l'enseignement dans les campagnes ?

Et quel pouvait être alors le degré de l'instruction chez les enfants du peuple ?

Or, presque au début de notre histoire nationale, nous avons trouvé Charlemagne s'érigeant en Grand Maître de l'Université, multipliant les écoles populaires où l'on instruisait gratuitement, non seulement les fils des hommes libres, mais encore les fils des serfs. Lui-même s'occupa de cette fondation à Aix-la-Chapelle, sa résidence impériale. Puis Charles le Chauve, par des édits de 855 et 859, cherche à combattre l'ignorance, et Guibert de Nogent, en 1110, nous dit que l'accès des écoles était facilité aux hommes même les plus grossiers.

Nous avons expliqué pourquoi, dans ces temps reculés, l'érudition et l'enseignement avaient trouvé leur refuge dans l'Eglise et par cela même avaient dû être abandonnés aux mains du clergé et des ordres religieux. Aussi voyons-nous ceux-ci continuer avec zèle et persévérance, jusqu'à la Révolution, la tâche qui leur avait été confiée.

Renfermé alors dans son rôle de pasteur, le curé de campagne remplissait sa mission d'enseignement et de charité en répandant autour de lui les exemples de ses modestes vertus, aimé et respecté de tous.

En 797, un Capitulaire de Théodulphe, évêque d'Orléans, demande « que les prêtres établissent des écoles dans les « villages et les bourgs. » Le Concile de Mayence, en 813, enjoignait « aux prêtres d'exhorter le peuple à envoyer ses « enfants à l'école. » Le Capitulaire d'Hérard, à Tours, en 858, l'ordonnance de Vautier à Orléans, en 860, celle d'Hincmar, à Reims, rappellent la même obligation.

Le Synode d'Arras en 1025, dit : « Ce que les illettrés ne « pourront saisir par l'écriture, doit leur être enseigné par le « dessin et la peinture. » N'est-ce pas ce que nous voyons de nos jours avec les manuels illustrés ?

Décidément notre siècle n'a rien inventé qui ne l'ait été déjà !

Le Concile de Latran (1179) ordonne « d'instruire dans « chaque cathédrale et gratuitement les pauvres écoliers. » Celui de 1215 renouvelle l'ordonnance.

Le Concile de Trente (1545) veut « que dans les églises il « y ait au moins un maître de grammaire qui donne des « leçons gratuites aux écoliers pauvres. »

Les Conciles provinciaux de Narbonne, en 1551, de Rouen, en 1583, disent que les évêques doivent donner leurs soins à ce qu'il soit établi des écoles où il n'y en avait pas encore. Ceux de Bourges, en 1584, d'Aix, en 1585, de Cambrai, en 1631, et d'autres, se préoccupent tous de cette question qui intéressait à cette époque autant qu'aujourd'hui : Melun, 1579 ; Angers, 1680 ; Châlons, 1673, etc., etc.

Aussi je ne puis m'empêcher de citer cette phrase de M. Fayet : « Les fidèles, en fondant des écoles, accomplissaient « simplement un devoir, puisque depuis sa fondation l'Eglise « n'a pas cessé de recommander l'instruction des ignorants « comme une œuvre méritoire. » (1) Et l'évêque d'Arras écrivait, en 1678, à l'assemblée synodale de son diocèse : « La plus grande charité qu'on puisse exercer envers les « pauvres est de leur procurer l'instruction. » (2)

Du reste, aujourd'hui encore, malgré les énormes efforts et les dépenses insensées (A) que fait l'Etat pour multiplier ses écoles, et la guerre déclarée aux Congrégations religieuses, les Catholiques continuent à se conformer à cette morale en fondant et en soutenant des maisons d'éducation où l'enseignement est donné gratuitement aux enfants du peuple.

En 1560, les Etats d'Orléans émettent des vœux touchant l'enseignement, en demandant la rigoureuse application des décrets des Conciles de Latran et de Trente. Les vœux furent approuvés en déclarant « que le Roi désirait vivement « l'instruction de la jeunesse, et ajoutant un commandement « exprès aux officiers royaux, maires, échevins, capitouls et « conseillers des villes et bourgades, chacun en son endroit, « d'y avoir l'œil, à peine de s'en prendre à eux. » (3) Cette ordonnance est renouvelée en 1576 aux Etats de Blois ; et

(1) M. Fayet, page 1.

(2) M. de Resbecq, page 333.

(A) Le budget de l'instruction publique est déjà de 250 millions, et il arrivera à plus de 300 millions quand l'Etat aura laïcisé ce qui reste d'écoles congréganistes — au lieu de 4 millions qu'il était avant 1789 — pour arriver à un résultat à peine aussi satisfaisant.

(3) G. Picot. *Histoire des Etats-Généraux*. Tome II, page 97.

l'édit de Melun du mois de février 1560 donne pour mission aux conciles provinciaux la fondation de séminaires et écoles dans chaque diocèse (G. Picot). Nous pourrions multiplier les citations à l'infini.

Les députés de 1583 réclament « que dans tous les bourgs « et même les villages, les évêques instituassent un maître « précepteur d'école pour instruire la jeunesse, soit le curé, « vicaire ou chapelain,..... qui serait stipendié aux dépens « des paroissiens tenus de faire instruire leurs enfants par « le dit précepteur ou maître d'école, et de les envoyer « pour être instruits de la religion, lire, écrire, dire leurs « heures et apprendre le catéchisme. » (1)

L'édit de décembre 1608 avait confirmé les règles dès longtemps établies pour la nomination et distribution des régents, précepteurs et maîtres d'école.

La déclaration royale de février 1657, celle de mars 1666, renferment les mêmes clauses. En 1698, Louis XIV prescrivait l'établissement d'écoles dans toutes les paroisses : « Voulons, « dit-il, que l'on établisse autant qu'il sera possible des « maîtres et des maîtresses dans toutes les paroisses où il n'y « en a point, pour instruire les enfants.... comme aussi pour « apprendre à lire et même à écrire à ceux qui pourraient en « avoir besoin.... » (2)

Le *Dictionnaire Pédagogique* (page 644) nous apprend que Louis XIV et Louis XV avaient fait un essai d'instruction obligatoire, sans obtenir de résultats complets, « parce que « d'abord l'Etat laissait la principale action en matière « d'enseignement à l'Eglise et qu'il était respectueux des « libertés locales ; néanmoins qu'il exerçait une heureuse « influence sur l'enseignement primaire. »

Et M. A. Bellée dit : « L'Etat ne s'était pas encore, comme « de nos jours, substitué complètement à l'instruction privée ;

(1) G. Picot. Tome III, page 160.
(2) *Mémoire du Clergé*. Tome I, page 2112.

« il se bornait à surveiller, à diriger et à régulariser toutes
« choses, ce qui, pour beaucoup d'esprits clairvoyants,
« ajoute-t-il, est son véritable rôle. » (1)

En 1584, les magistrats de Lille fondent une école domi-
nicale gratuite et, en 1595, ils la convertissent en école
journalière. Douze cents enfants la fréquentaient quelques
années après. (2)

M. de Resbecq signale plus de 71 fondations scolaires dans
la même ville. Et, du reste, à la même époque, M. de Resbecq
a montré l'existence d'institutions semblables dans beaucoup
de paroisses des campagnes du Nord.

A Rouen s'établissent des écoles charitables : en 1555,
quatre classes sont ouvertes ; en 1556, deux autres écoles pour
les filles. (3)

Non seulement nous trouvons partout répandue la gratuité
de l'enseignement, mais nous voyons que, déjà au dix-
septième siècle (et peut-être plus anciennement) dans les
écoles on faisait des distributions en nature.

En effet, M. Demia, un simple prêtre qui consacra son
temps et sa fortune à créer des écoles charitables à Dijon,
Autun, Toulon, Grenoble et Lyon où, en 1673, il fonde cinq
écoles de garçons et, en 1675, deux de filles, avait établi
qu'on donnerait, avec l'instruction gratuite à tous, du pain
et des vêtements aux enfants pauvres (4). L'histoire nous
a conservé son nom, mais combien d'autres bienfaiteurs de
l'humanité ont dû faire de même !

(1) M. A. Bellée. *Recherches sur l'instruction primaire*, page 7.

(2) Houdoy : *Instruction gratuite et obligatoire depuis le XVI° siècle*, pp.
1, 6, 10.

(3) Beaurepaire, tome II, p. 289.

(4) Vie de M. Demia, p. 137.

Du reste, pour ainsi dire, à chaque pas l'on rencontre de ces institutions importantes. En Lorraine, Mgr Drouas donne 60,000 livres pour une école de filles pauvres. (1)

A Cambrai, l'archevêque, en 1626, fait bâtir une grande école d'enfants indigents qui recevait 965 écoliers. (2)

Dans la Haute-Marne, nous trouvons 86 établissements semblables ; dans le Maine-et-Loire, 77 ; à Lyon, l'œuvre de M. Demia avait prospéré, car, en 1738, il y avait 20 écoles réunissant 4,000 enfants. On a même les procès-verbaux de créations scolaires dans plus de quatre-vingts villes ou bourgs. (3)

A Moulins, M. Aubery avait établi à ses frais une école charitable. (4)

Il nous est difficile d'entrer dans le détail des innombrables fondations du même genre et d'énumérer les Communautés religieuses qui donnaient gratuitement l'instruction aux enfants pauvres, soit garçons, soit filles. Nous dirons seulement que l'éducation des jeunes filles n'était pas négligée ; car, en 1738, les Ursulines possédaient en France plus de 300 maisons enseignantes, les sœurs d'Ernemont 106, celles d'Evron 85 et les filles de la Charité au-delà de 500..... et combien d'autres ?

(1) Maggiolo, p. 2.

(2) De Resbecq, p. 131.

(3) Babeau, Bellée, Buisson, de Ribbe, Charmasse, L. Maitre, Fayet, Merlet, Quantin, Rameau, etc.

(4) Charmasse, p. 42.

VIII

Et maintenant que nous avons pu, pour ainsi dire, faire toucher du doigt tout ce que l'Eglise d'une part, la Monarchie de l'autre, ont fait, pendant les siècles qui ont précédé la Révolution, pour encourager et étendre le mouvement scolaire, — l'Eglise par ses conciles et ses capitulaires ; la Monarchie par ses ordonnances et ses déclarations, — que nous avons pu constater les efforts et le zèle que l'une et l'autre ont déployés, en tout temps, pour arriver à l'heureux résultat qu'ils s'étaient proposé d'atteindre, nous allons montrer quelle était, avant 1789, l'extension de l'enseignement populaire dans les campagnes par des documents irréfutables.

Les registres de l'archevêché de Rouen nous ont conservé le chiffre des enfants admis à la tonsure, de 1458 à 1466 : il était de cinq mille deux cent vingt-neuf. Or, puisqu'un si grand nombre de jeunes gens avaient été instruits, — sans compter ceux qui n'avaient pas été admis à la tonsure, bien plus nombreux sans aucun doute — il fallait donc qu'il y eût des écoles pour cela.

En 1546, le chapitre de la cathédrale de Sens fait visiter par ses commissaires douze paroisses de sa juridiction, toutes sont pourvues d'écoles. (1)

Monsieur de Beaurepaire nous donne les procès-verbaux de visites faites par les commissaires délégués à cet effet et les résultats suivants : En 1683, sur 38 paroisses de l'archevêché de Rouen, qui avaient été visitées, on a trouvé 22

_____

(1) Quantin, archiviste du départ. de l'Yonne, page 64.

écoles. En 1687, sur 56 paroisses visitées, toujours de l'archevêché de Rouen, 42 écoles, et en 1717, sur 1156 paroisses
visitées, 1161 écoles, dont 306 de filles (1). Plus d'écoles que
de paroisses !

M. l'abbé Trochon, qui a étudié les archives de l'évêché
de Coutances, nous dit que les procès-verbaux de visite
des quatre achidiaconés du diocèse constatent : que « toutes
« les paroisses étaient pourvues d'écoles tenues avec beaucoup
« de soin et d'exactitude. »

Il est avéré, dit M. Beaudrillard (page 100), « que presque
« toutes les paroisses qui forment aujourd'hui le département
« de l'Eure avaient, avant la Révolution, de petites écoles. »

Un grand vicaire de l'évêché de Noyon, M. Gohard, écrivait
en 1741 : « J'arrive d'une longue et pénible visite dans
« laquelle j'ai parcouru les deux tiers de ce diocèse, qui a
« presque dans chaque paroisse un maître et une maîtresse
« d'école. » (2)

L'abbé Grégoire, le fameux conventionnel, avait envoyé
des correspondants dans les départements avec un question-
naire à remplir et entre autres questions celle-ci : « Chaque
« village est-il pourvu de maître et de maîtresse d'école ? »
M. Hennebert, son correspondant pour l'Artois, répond :
« Il y a des maîtres dans tous les villages, excepté dans
« les hameaux; les maîtresses d'école y sont moins communes
« et plus ignorantes » (3). L'enquête fut faite en 1790.

M. de Resbecq démontre l'existence de plus de 400 écoles
de campagne dans les Flandres françaises. (4)

Il ne faudrait pas toutefois se figurer que l'instruction
primaire fût développée partout avec la même intensité :
Ainsi le Limousin, la Marche, l'Auvergne, le Berry, une partie
des Landes et de la Bretagne, pour des raisons évidemment

(1) Beaurepaire, pp. 273-383-407.

(2) A. de Dion, page 33.

(3, Lettres à Grégoire, page 255.

(4) M. de Resbecq : *Histoire de l'instruction primaire dans le Nord*, page 101.

locales, étaient assez en retard dans le mouvement scolaire ; mais une remarque qui a été faite dans *l'Etat de l'instruction primaire en 1864*, c'est que les mêmes contrées, à cette date, étaient également les moins instruites.

Puis il y a des départements qui n'ont été l'objet d'aucune publication : la monographie de l'Allier reste à faire. Toutefois M. Fayet dit : « Il y avait des écoles déjà « nombreuses et en voie d'accroissement dans le Bourbonnais, « quand les lois de 1792-1793, en voulant tout renouveler, « vinrent tout détruire. » Mais l'instruction n'y était pas développée certainement. (1)

M. de Barthélemy affirme que, dans le diocèse de Reims, des écoles de garçons existaient dans la plus grande partie des paroisses (2). Le *Dictionnaire Pédagogique* (page 354) donne le compte des maîtres et des maîtresses d'école du même diocèse en 1789, qui se montait à 606.

Dans l'Aube, M. Babeau déclare que, sur 446 communes, 420 avaient leur maître d'école, même près de 180 étaient propriétaires du local scolaire (3).

M. Fayet prouve qu'en 1789, le département de la Haute-Marne possédait 527 écoles pour 450 communes ; et il ajoute : « L'existence des écoles avant la Révolution nous paraît « suffisamment prouvée. » (4)

M. Fayet et ses collaborateurs ont sauvé de l'oubli les noms de cinq mille cinq cent vingt-cinq maîtres ayant enseigné dans la Haute-Marne avant 1789.

Il existe un bien singulier témoignage relatif à l'état de l'instruction dans un groupe de départements de l'Est ; il émane du fameux Grégoire, qui écrivait en 1798 : « J'arrive « d'un voyage dans sept ou huit départements du Nord-Est « de la France.... Il y a neuf à dix ans que dans chacun des

(1) Pour l'Allier, voir Buisson, p. 54, 55.

(2) Barthélemy : *Instruction publique avant 1789*, p. 307 de la *Revue de France*.

(3) Babeau : *Instruction primaire dans les campagnes avant 1789*.

(4) Fayet : *Rapport sur les écoles avant 1789. Recherches historiques*, page 39

« départements sus-mentionnés, chaque commune avait un
« maître et souvent une maîtresse d'école ; la méthode
« d'enseignement était bonne..... Tout cela, ajoute-t-il, n'est
« plus ! la persécution a tout détruit ! » Cet aveu est bon à
retenir.

M. Maggiolo donne les chiffres suivants : Diocèse de Toul,
pour 758 paroisses et 278 hameaux, il y avait, avant la
Révolution, 996 écoles (toutes les paroisses avaient des écoles
et pour les hameaux 238 avaient la leur).

Diocèse de Verdun, pour 284 communes, on trouve 266
écoles.

District de Lunéville, les 99 communes possédaient 119
écoles fréquentées par 5.270 enfants. (1)

En Franche-Comté, M. Sauzay nous apprend que le département du Doubs, sous l'Ancien Régime, possédait une
Université, cinq collèges et des écoles primaires dans toutes
les paroisses. (2)

Voici, du reste, le témoignage de Rochejean, l'un des
correspondants de l'ex-abbé Grégoire : « Je suis porté à croire
« qu'il y a un maître et une maîtresse d'école dans chaque
« paroisse de la ci-devant Franche-Comté et que le plus
« grand nombre des villageois y sait lire. » (3). (Enquête de
« 1790).

Le préfet de l'Ain, M. Bossi, dans un rapport officiel disait :
« Avant la Révolution, on comptait dans ce département
« 15 collèges et beaucoup d'écoles particulières. Dans tous les
« bourgs, on trouvait des instituteurs qui enseignaient à lire,
« à écrire et à chiffrer. »

M de Charmasse donne le nombre des écoles de l'ancien
diocèse d'Autun. Pour 382 communes, il y avait 295 écoles et,
en plus, des classes gratuites pour les filles. (4)

---

(1) Maggiolo: *Recherches dans les Archives départementales et communales.*
(2) Sauzay : *Histoire de la persécution révolutionnaire*, tome X, p. 399-417.
(3) *Lettres à Grégoire*, p. 216.
(4. M. de Charmasse : *Documents justificatifs*, p. 104.

En Dauphiné, selon M. Maggiolo et M. Buisson, de 1702 à 1789, il y avait dans les plus petites communes des écoles, les unes gratuites, les autres payantes. Les Déclarations de 1690, 1700, 1724 obligèrent toutes les communes à entretenir des écoles : « On y enseignera à lire et à écrire selon qu'il sera « réglé par les évêques. » (1)

Les Hautes et Basses-Alpes étaient des contrées où l'instruction était le plus répandue avant 1789, au moins parmi les hommes, bien que les écoles y fussent assez inégalement réparties (d'après le rapport officiel du préfet Bonnaire et de M. Buisson).

Dans l'Ardèche, pays de lutte entre catholiques et protestants, au dire de M. Giraud, on constate que « dans chaque « paroisse de quelque importance, on trouve chaque année, « sauf quelques interruptions, une quittance de maître ou « maîtresse d'école. » (2)

M. Maggiolo nous dit : « Dans les Cévennes, à la veille de « 89, il y avait un nombre suffisant d'écoles secondaires « dirigées par des religieuses, dans les couvents, ou par des « régents de latinité la plupart laïques, dans les villes ou « gros bourgs ; mais chaque paroisse a au moins une école « primaire ; on y sait lire, écrire et compter. » (3)

Dans l'archevêché de Bordeaux, sur 287 communes, dont on a les procès-verbaux, 184 étaient pourvues d'écoles.

Le Béarn, nous rapporte le vicomte Sérurier (4), avait des écoles nombreuses. Dans les contrées fertiles de la Dordogne et de la Garonne, il était peu de communes qui n'eussent leur maître (5). Dans le Comté Nantais, Léon Maître donne la liste de 81 paroisses dont 64 pourvues d'écoles. (6)

(1) Mémoires du Clergé, p. 995.
(2) Buisson, p. 105
(3) Maggiolo : *Enseignement primaire dans les Cévennes*, p. 23 et 34.
(4) Sérurier : *Instruction primaire dans les Pyrénées*, p. 13.
(5) Archives de la Gironde, c. 289.
(6) Léon Maître : *Revue de Bretagne*, mai 1874.

Nous avons vu ce qu'était l'enseignement avant 1789, il
est bon d'examiner ce qu'il était devenu pendant la révolution;
et, pour s'en rendre bien compte, il n'y a qu'à compulser
les vœux émis par les conseils généraux en l'année 1801 (an
IX de la République).

Nous le ferons, comme ci-dessus — sans commentaires —
laissant à chacun le soin d'en tirer les conclusions que la
droiture de son esprit lui suggèrera.

AISNE. — Les écoles primaires, régences, collèges, étaient
autrefois entretenus par des fondations ou rétributions
particulières. Tout a été vendu..... et les enfants sont livrés
à l'oisiveté la plus dangereuse, sans notion du juste et de
l'injuste ; de là des mœurs farouches. Réorganiser, dit le
vœu du conseil général, les corporations vouées à l'instruction
des deux sexes et les congrégations destinées à l'éducation
de la jeunesse.

JEMMAPES. — On insiste pour le rétablissement des
collèges et surtout du culte et de la religion catholique.

PUY-DE-DOME. — Les anciennes corporations chargées
de l'enseignement obtenaient des succès qui compensaient
avantageusement quelques abus.... Le mode actuel n'a
produit que de fâcheux résultats.

BAS-RHIN. — Avant la révolution, l'instruction était
brillante. Les succès étaient dus à des hommes profondé-
ment éclairés dont les mœurs étaient austères, commandaient
la confiance.... L'instruction aujourd'hui est singulièrement
négligée.

HAUTE-SAONE. — Les écoles étaient fréquentées quand
on enseignait, avec les éléments de la littérature, ceux de la
religion.... elles sont désertes.

AUDE. — Rétablir les frères des écoles chrétiennes et leur confier l'enseignement.

LOT-ET-GARONNE. — L'instruction publique est nulle aujourd'hui et les instituteurs dans la misère.

COTE-D'OR. — Les anciens instituteurs étaient logés ; ils avaient quelques portions de terre, une rétribution d'un grand nombre d'enfants.... On regrette les frères de la doctrine chrétienne, les ursulines, etc.

PAS-DE-CALAIS. — Réappliquer à l'instruction des enfants des deux sexes les frères ignorantins et les filles de la charité.

Pour les écoles secondaires, mêmes plaintes, mêmes vœux :

ALLIER. — Les parents enverraient volontiers leurs enfants à des écoles secondaires qui produiraient les mêmes effets que les anciens collèges.

CALVADOS. — On regrette partout les collèges où les jeunes gens trouvaient une éducation complète.

EURE-ET-LOIR. — Les anciens collèges avec tous leurs défauts étaient préférables par le mode d'enseignement, la moralité et l'aptitude des professeurs.

LOT. — On demande que les anciens collèges soient rétablis et qu'on leur rende, autant que possible, les anciens professeurs si distingués par leur talent.

Pour les écoles de filles c'était la même aspiration, les mêmes désirs.

Et partout les conseils généraux réclament contre l'état de choses, et regrettent, en fait d'enseignement, ce que la révolution avait détruit.

Mais une statistique, autrement curieuse et probante, c'est celle qui a été faite sur la proportion pour 100 des époux ayant signé leur acte de mariage.

Étant donné que le calcul officiel établi de 1872 à 1876 (4 ans) a donné pour les époux 76 %, et pour les épouses 67 %, comme moyenne de toute la France, la statistique des conjoints dressée par M. Maggiolo, de 1786 à 1790 (même période, 4 ans) donne pour 100 :

(Les premiers chiffres sont ceux des maris, les seconds ceux des femmes).

Evêché d'Avranches.	82-66	Ariège	22-10
Picardie	68-41	Meurthe.	88-68
Eure	75-53	Meuse.	90-63
Calvados	82-63	Moselle	84-59
Orne	67-45	Vosges	89-63
Oise	70-40	Ardennes	75-48
Doubs	80-40	Haute-Saône	66-22
Nancy	98-73	Jura	58-24
Allier.	13-9	Basses-Alpes	74-27
Ain.	24-11	Hérault	46-11
Gard	57-18	Béarn.	72-9
Rouergue	46-21		

« Tous ces chiffres peuvent n'être pas d'une exactitude « la plus absolue, mais, dit A. Duruy, en tenant compte des « divers éléments d'erreur, la conclusion qui s'en dégage est « encore fort honorable. »

Concluons toutefois, sans crainte d'être démenti, que si, dans certains coins de la France, l'enseignement primaire était moins développé qu'ailleurs, dans la plus grande partie de nos provinces du nord, de l'est, du midi et du sud-ouest l'instruction du peuple, même dans les campagnes, était, avant la Révolution, non seulement en pleine prospérité, mais certainement plus répandue que de nos jours. Car la tourmente qui, à la fin du siècle dernier, avait tout entraîné dans le tourbillon d'un vent de folie, n'a fait qu'enrayer le mouvement de l'éducation populaire, tellement qu'aujourd'hui, cent ans après 1789, l'État est obligé de grever le pays d'impôts exorbitants pour chercher à égaler ce que nos pères avaient si bien édifié — et à peu de frais !

IX

On a fait de noirs tableaux du magister d'autrefois et des descriptions lamentables de ce qu'étaient les petites écoles, en s'appuyant surtout sur les cahiers présentés aux Etats généraux par les instituteurs eux-mêmes. Il n'y avait pas de palais scolaires, et l'état des classes et des maitres devait suivre, à quelque chose près, la progression de l'instruction : là où cette dernière était moindre, les locaux s'en ressentaient ; ailleurs, où elle était brillante, l'école était prospère, et j'ajouterai avec M. A. Duruy : « Il peut y avoir du vrai « dans ces plaintes ; mais ces doléances n'étaient-elles pas exagérées ? » Elles étaient, du moins, encouragées par les pamphlétaires, les encyclopédistes et un esprit de dénigrement qui s'était emparé de tout le monde.

Du reste, une chose renversante, c'est d'entendre les libres-penseurs du dernier siècle, ces philosophes soi-disant amis du peuple, dont on veut faire aujourd'hui les patrons de l'enseignement laïque, se plaindre de la trop grande instruction qu'il y avait alors dans les campagnes.

La Chalotais, de cette plume, dit un historien, qui avait signé le réquisitoire pour le bannissement des Jésuites, écrivait : « N'y a-t-il pas trop d'écrivains, trop d'académies, « trop de collèges ; n'y a-t-il pas trop d'étudiants dans ce « royaume où tout le monde se plaint de la dépopulation ? « Le peuple même veut étudier ; des laboureurs, des artisans « envoient leurs enfants dans les collèges des petites villes, « et quand ils ont fait de mauvaises études qui ne leur ont « appris qu'à dédaigner la profession de leurs pères, ils se

« jettent dans les cloîtres ou ils prennent des offices de
« justice !... Alors que les Frères de la Doctrine Chrétienne
« apprennent à lire et à écrire à des gens qui n'eussent dû
« apprendre qu'à manier le rabot et la lime et qui, par suite,
« ne veulent plus le faire. » (1)

Notre vieil adage français : « Rien de nouveau sous le
soleil » se vérifie une fois de plus. Richelieu avait eu
déjà la perception du sentiment que les philosophes du
XVIIIe siècle ont exprimé longtemps après lui, et ne se
croirait-on pas encore aujourd'hui reporté à cette époque ?

M. Arouet de Voltaire, le 28 février 1763, écrivait à ce
même de La Chalotais : « Je ne puis trop vous remercier
« de proscrire l'étude chez les laboureurs ; moi qui cultive
« la terre, je vous présente requête pour avoir des manœu-
« vres.... Envoyez des frères ignorantins surtout pour
« conduire mes charrues et pour les atteler. »

Ces frères ignorantins n'étaient pas les premiers venus, ils
donnaient, alors comme aujourd'hui, l'instruction gratuitement aux enfants du peuple, c'étaient des instituteurs de
l'époque ; et pour M. de Voltaire ce sont des gens qui ôtaient
les laboureurs à ses charrues.

Et J.-J. Rousseau poursuit : « Le pauvre n'a pas besoin
« d'éducation, celle de son état est forcée, il ne saurait pas
« en avoir d'autre. » (2)

Ah ! que nous sommes loin, bien loin du Capitulaire
de Charlemagne !

Quoi qu'il en soit, en dépit de ces grands rhéteurs et du
langage aigri des encyclopédistes, on ne peut nier que le
grand mouvement, donné depuis des siècles à l'éducation du

(1) La Chalotais : *Essai d'éducation nationale,* page 25-26.

(2) Rousseau : *Émile,* livre I.

peuple, avait assez de force pour résister aux diatribes des philosophes ; cela tenait surtout à la diversité des institutions ; ce qui a permis à M. Guizot de dire « qu'avant « 1789 la grande concurrence entre les établissements parti- « culiers, les congrégations et les fondations diverses qui « s'occupaient de l'instruction publique avait été très « efficace. » — « Celte concurrence eut pour résultat de « produire, dit M. A. Duruy, un développement énorme « de l'enseignement secondaire. »

Voilà ce que l'on ne veut plus aujourd'hui !

« Quant au nombre d'élèves, poursuit le même auteur, qui « fréquentaient ces établissements, il est parfois considérable : « le collège de la Flèche, en 1625, en comptait 1.300 ; à Sorèze, « au XVIIIe siècle, il y en avait plus de 500 ; au Mans, 900 ; à « Dieppe, 200. Nous ajouterons pour finir que, en dehors des « collèges, maisons religieuses, Universités, il y avait en « France, au siècle dernier, 72 écoles spéciales et profes- « sionnelles. »

Du reste, M. Villemain, dans son rapport de 1843, affirme qu'en 1763, après la suppression des Jésuites et la fermeture de leurs collèges, il y avait en France 562 maisons d'éducation pouvant préparer les jeunes gens à toutes les carrières ; et, dans ce chiffre, il ne fait pas entrer en ligne de compte les nombreuses écoles dont le programme était moindre, ni les 526 chapitres enseignants. Et alors, fait-il remarquer, la population n'était que de vingt-cinq millions d'âmes seulement.

M. de Salvandy, ministre, grand maître de l'Université en 1832, constate « que la France possédait 200 collèges de moins « qu'avant la Révolution, et le total des jeunes gens confiés à « l'État était de quarante-trois mille quatre cents de moins « que sous l'ancienne Monarchie, bien que la population se « fût accrue pendant ce temps-là de neuf millions d'habitants. »

Je ne puis mieux terminer ces pages, que je livre aux réflexions de ceux qui voudront bien les lire avec attention, que par ces dernières lignes de l'*Histoire de l'Enseignement secondaire*, par M. H. Lantoine, agrégé des lettres, élève de l'École normale supérieure :

« Ne rejetons point légèrement, dit-il, ce qui durant des
« siècles a doté notre pays d'une si grande quantité d'hommes
« distingués en tout genre ; ce que nous pouvons espérer de
« mieux de la perfection de nos systèmes et de nos méthodes
« d'éducation, c'est d'égaler un jour cette fécondité et cette
« richesse de résultats.

« Pour en revenir une dernière fois au passé, souhaitons
« que l'Université de France prenne la même devise que
« l'ancienne Université de Paris, en déclarant qu'elle est aussi
« ennemie de cette obstination aveugle qui soutient sans
« raisonnement tout ce qui est ancien, que de cet esprit de
« nouveauté qui ne cherche qu'à renverser l'édifice élevé par
« nos pères, mais qui est plus hardi à détruire qu'heureux
« à édifier. »

On me permettra d'y ajouter cette pensée si joliment exprimée dans la préface de son *Histoire de Richelieu*, par M. Hanotaux (1) et que nous sommes heureux de rencontrer sous la plume d'un ministre de la République :

« Je voudrais que les pages qui vont suivre donnassent
« envie aux jeunes gens de rechercher dans les mémoires
« et les documents anciens les traits réels de notre douce
« France, comme on recherche, sur un pastel fané, la
« physionomie d'une aïeule toujours belle et toujours jeune.
« Je voudrais qu'ils trouvassent dans cette étude des raisons
« nouvelles d'aimer leur pays et de l'admirer, c'est-à-dire de

(1) Édition abrégée.

« le comprendre. Ceux qui le dénigrent et le blessent ne le
« connaissent pas. Il en est qui vont répétant que tout ce
« passé qui fut le nôtre n'a été qu'une longue erreur et que
« la France eût été plus belle si elle eût été différente.
« Laissons dire. »

FIN

NOTE

Nous avons dit, au début de cette brochure, que la Franc-Maçonnerie mena le branle de la tourmente révolutionnaire, et, en note, qu'à Francfort, en plein cœur de l'Allemagne, la mort du roi Louis XVI avait été votée dans une réunion des loges tenue en 1784. Or, les aveux de Balsamo et les extraits de la procédure instruite à Rome, parus en 1791, prouvent les rapports certains de la Franc-Maçonnerie avec la révolution française.

Georges Smith, Burck et d'autres écrivains, font remonter cette institution aux Templiers; et disent que quatre *loges-mères* furent créées à cette époque : à Naples, à Edimbourg, à Stockholm, à Paris. Dans tous les cas, leur serment : **de détruire la puissance du Pape, d'exterminer la race des Capétiens, d'anéantir les rois, d'exciter le peuple à la révolte, et de fonder une république universelle,** a fait son chemin dans le monde moderne, et paraît devoir poursuivre sa réalisation avec l'acharnement et la persistance qui caractérisent ces sortes d'affiliation.

Leurs emblèmes sont ceux que les révolutionnaires de France ont adoptés : le niveau, l'équerre, le compas, marquent l'égalité, l'unité, la fraternité ; et le bonnet phrygien lui-même, insigne du régicide, est un des ornements de leurs cérémonies. Il fut présenté à Cromwell le jour de son installation *(Vie d'Olivier Cromwell. — Edit. d'Amsterdam,* fol. 278).

C'est par la prise de la Bastille que débuta la révolution française ; n'était-ce pas là que son fondateur probable, Jacques du Bourg-Molay, avait été enfermé ? Du reste, dans la cassette de Cagliostro, et parmi les effets de Thomas Ximénès, on a trouvé des médailles sur lesquelles étaient gravées des croix avec les initiales L. P. D., qui signifient : *Lilium pedibus destrue : Foulez les lys aux pieds.* Gustave de Suède, l'ami de Louis XVI, qui fit tous ses efforts pour sauver le roi, fut assassiné en 1792, dans un bal, par *Ankastrœum*, franc-maçon de grande volée ; et Léopold II, frère de l'infortunée Marie-Antoinette, aurait, assure-t-on, été empoisonné par son valet de chambre, un maçon *Grand élu :* un article du *Journal des Jacobins*, dit que cet homme a avoué son crime.

Nous avions donc quelques raison d'avancer le fait !

GRANDE IMPRIMERIE DU CENTRE. — HERBIN, MONTLUÇON.

Documents manquants (pages, cahiers...)

NF Z 43-120-13